助推效应

[韩]高锡钧——著

刘亚斐——译

影响日常决策的
隐形力量

NUDGE EFFECT

古吴轩出版社

图书在版编目（CIP）数据

助推效应: 影响日常决策的隐形力量／（韩）高锡钧著；刘亚斐译. -- 苏州：古吴轩出版社，2022.4
ISBN 978-7-5546-1915-5

Ⅰ.①助… Ⅱ.①高… ②刘… Ⅲ.①消费心理学—通俗读物 Ⅳ.①F713.55-49

中国版本图书馆CIP数据核字(2022)第039337号

< 편의점에 간 멍청한 경제학자 >
© KO Seok Kyun/ 高錫均 , 2019
The simplified Chinese translation is published by LIU REN XING (TIANJIN) CULTURE MEDIA CO., LTD
arrangement with Garden-of-Books Publishing Company through Rightol Media in Chengdu.
本书中文简体版权经由锐拓传媒取得 (copyright@rightol.com)。

责任编辑： 李　倩
见习编辑： 沈　玥
装帧设计： 仙境工作室

书　　名： 助推效应: 影响日常决策的隐形力量
著　　者： ［韩］高锡钧
译　　者： 刘亚斐
出版发行： 古吴轩出版社
　　　　　　地址：苏州市八达街118号苏州新闻大厦30F　　邮编：215123
　　　　　　电话：0512-65233679　　　　　　传真：0512-65220750
出 版 人： 尹剑峰
印　　刷： 天津旭非印刷有限公司
开　　本： 880×1230　1/32
印　　张： 7
字　　数： 117千字
版　　次： 2022年4月第1版　第1次印刷
书　　号： ISBN 978-7-5546-1915-5
著作权合同登 记 号： 图字10-2022-45号
定　　价： 49.80元

如有印装质量问题，请与印刷厂联系。022-22520876

生活中处处影响你决策的助推效应

从行为经济学角度看"非理性"

2017 年，瑞典皇家科学院诺贝尔奖评审委员会宣布，将当年的诺贝尔经济学奖授予美国经济学家、芝加哥大学教授理查德·泰勒（Richard Thaler）。作为行为经济学方面的专家，理查德·泰勒一直以来都被视为异端、叛逆者，为主流经济学所排斥。此番，他凭借在行为经济学领域的贡献夺得此项殊荣，在经济学界引起了巨大反响。而伴随着理查德·泰勒摘得诺奖，行为经济学也更加受到主流经济学的认可。

许多人认为，经济学发端于1776年出版的《国富论》。这本经典著作的作者亚当·斯密强调，在市场上，有一只"看不见的手"始终在发挥主导作用。社会上的每个经济主体都在力图实现自己的效用最大化和利润最大化；在"看不见的手"的调节作用下，这些经济主体的需求会自然而然地实现持续均衡，共同实现彼此利益的最大化。不过，亚当·斯密在1759年出版的著作《道德情操论》中又指出，人们并不是一味地为自己谋利，善良、无私、悲悯等品质同样闪耀着光芒。从亚当·斯密的两种观点中，我们可以得知，行为经济学与主流经济学并不相悖，主流经济学无法对一些有失理性与公平性的选择做出解释，而行为经济学则试图填补这一理论空白。接下来，让我们了解一下主流经济学与行为经济学有何不同。

假设市面上新出现了一种定价为 6 元[①]的方便面。按照主流经济学的理性逻辑，如果人们对这款方便面的需求增加，那么它的价格也会相应提高。但是，如果我们询问低消费群体"提高这款方便面的价格是否公平"，可能一半以上的人都会说"不公平"。公平性与理性确实存在彼此对立的情况。一些类似于主流经济学所说的"经济人"（也被称为"理性人"）的主体，如一些个体、企业或政府，他（它）们依据主流经济学理论做

---

① 本书所有以"元"为单位的价格，均为按4月1日汇率换算后的人民币计价。——译者注

出的选择并不总是正确的。行为经济学研究的正是主流经济学不曾涉及的问题——不是理性，而是人类心理。

人类的非理性远超想象

　　关于纳税，韩国有这样一项"多退少补"的政策：每到年底，税务部门都会清算个人所得税，如果有人预缴的税额高于实际应缴额度，税务部门就会将多余部分退还；反之，他就需要补缴差额。税务部门之所以将税金退还给你，是因为你预缴的税额高于应缴额度。这和政府的无息贷款是一个道理：如果你向政府借款1万元，利率是3%，那么，你需要向政府提前支付300元利息；但是，由于这笔贷款是无息贷款，如果你按时偿还了1万元本金，政府就会退还你预交的300元；如果你没能按时偿还本金，你预交的300元就不会被退还。说回纳税问题。由于存在阶梯制税率，一般来说，在预缴额度相当的情况下，需要补缴税款的人可能比收到退税的人实际收入更高。因此，前者应该请后者吃饭才是。但你可能一时无法接受这样的解释，因为你习惯性地认为，收到退税意味着收入增加。有的人认为收到退税是天降横财，于是就肆意地挥霍这笔钱。但实际上，这笔钱并不是什么天降横财，而本来就是你工作收入的一部分。为什么会出现上述现象呢？这是因为，人类行为比我预想的更加非理性。

在市场经济学中，人是具有理性的人，也就是通常所说的"经济人"。经济人不受伦理、宗教等外在因素的影响，他们进行经济活动，完全是为了自身的利益。所谓"理性"是指，人们在做出有经济意义的选择前，会精确计算自己即将获得的收益和应支付的费用，并据此进行经济活动。例如，在购买某件商品时，消费者会基于其掌握的相关信息，将商品的价格与购买后自己可以获得的收益进行比较。如果消费者支出一定的费用，可以得到预期的收益，他就会购买该商品；如果必须从几个可替代的同类商品中选择一个，消费者就会通过计算每种商品带给自己的"净利润"（净利润＝收益－商品价格），选择净利润最高的那种商品。这些行为是"理性"的。主流经济学所说的"经济人"就是这样：他们懂得精确计算商品带给自己的收益与自己支出的费用，他们的经济行为只受到经济动机的驱使，伦理、宗教、心理等因素不会对他们的行为产生影响。

行为经济学理论与这些假设完全相反。对于主流经济学所说的完美"经济人"——不受外在因素影响，只追求个人利益最大化——行为经济学援引几项实验证据进行了反驳。行为经济学所说的人，并不像主流经济学所说的那样具备完全的理性，也无法全面而完美地理解自己。在行为经济学中，人们无法对各种信息都了如指掌，自身的计算能力也有限。也就是说，人们无法拥有计算器那样强大的计算能力，他们的理性也存在局限性。在行为经济学中，人们无法进行"理性"的经济活动，因为人的经济活动是基于"心理"因素的。这一观点与主流经济学的主张完全对立。

　　请比较图 1 中两幅图片。在图 1.a 与图 1.b 中，分别被六个圆圈围起来、处在中心的圆圈 A 和圆圈 B，哪一个看起来更大？乍一看，似乎图 1.a 中心的圆圈更大一些。这是一种典型的视错觉。实际上，处在中心的两个圆圈一样大。只是由于周边环绕的圆圈大小不同，中心的两个圆圈才看起来大小不一。圆圈

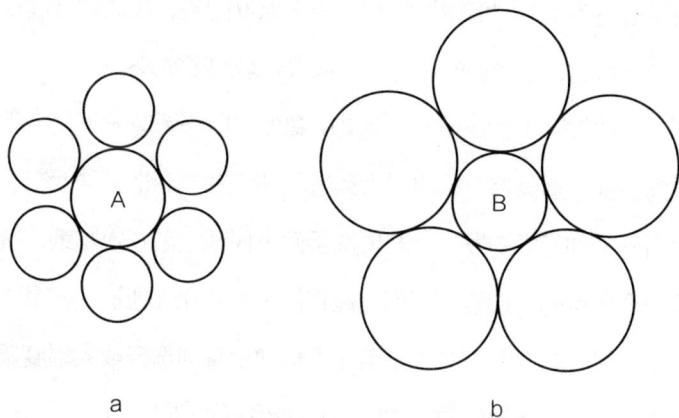

a　　　　　　　　　　　　b

图 1 视错觉

A 周围的圆比圆圈 B 周围的圆小，所以圆圈 A 被衬托得更大。这也有力地说明，人的心理具有相对性。如果将圆圈 A 与圆圈 B 看成两种商品，将它们的大小看成它们所能带来的收益，那么在它们能够带来同等收益的情况下，商品 A 会更受青睐。由此可见，消费者的购买行为依赖于外界环境，且受到外界环境的深刻影响。

生活中处处有助推

生产抗菌香皂的舒肤佳开展了一项名为"细菌戳戳乐"（THE GERM STAMP）的活动，该活动旨在让病菌环伺下的菲律宾儿童养成勤洗手的习惯，从而提高他们的卫生水平。每天早晨，老师会在孩子们手上盖上一个细菌图案的印章，孩子们需要在放学前将手上的"细菌"洗掉。令人惊讶的是，在活动开展仅仅一个月后，孩子们的平均洗手次数就增加了 70%。

"助推"（nudge）在英文中意为"用胳膊肘一下接一下地向前推、顶某物"，引申为通过某种装置或制造某种状况，来引导某种行为的发生。在男洗手间小便池上贴苍蝇贴纸，就是一个典型的"助推"案例。理查德·泰勒在《助推》一书中指出，最好的介入方式不是阻止人们做出某项选择或大幅度调整奖金，而是将他们的行动导向预计可行的方向。

其实，助推在政策中的运用，比我们想象的要多得多。在美国，明尼苏达州州政府没有用"请您纳税"这种强制性方式通知公民纳税，而是在缴税通知单上印上"90%以上的居民已完成缴税"，以此来鼓励人们主动纳税。这类策略大多收效显著，有的甚至成了社会的热点话题。

能够引导人们行为的助推，在市场营销中也拥有越来越重要的地位。相较于强制消费，商家更倾向于通过助推来引导消费者心甘情愿地购买某种商品。助推在市场上一经应用，赤裸裸的推销方式便日渐式微；许多助推装置应运而生且效果显著，消费者开始出于主观意愿购买目标商品。

助推的一个成功案例来自国际知名的文具品牌 MOLESKINE。MOLESKINE 最引以为傲的商品——纸质笔记本——曾因数字化的冲击而走向没落。为此，MOLESKINE 对笔记本的功能进行了重新设计。重新出现在消费者视野中的 MOLESKINE 笔记本不再是单纯的笔记本或记事簿，而是"未完成的书"。随着笔记本上的空白被一点一点地填满，它逐渐变身为一部充满自己想法与灵感的"书"。MOLESKINE 笔记本功能的改变，刷新了消费者的认识，找回了 MOLESKINE 笔记本曾经作为生活必备品的尊严。由此，MOLESKINE 笔记本重新受人追捧，焕发出新的生命力。伴随以上几则案例的成功，助推已经融入我们的日常生活，并演变出各种形态，随处可见。

超市货架上商品的摆放顺序，是否也巧妙地暗含了助推呢？本书就从这个令人好奇的小问题开始讲起。开始写作本书后，我遇到了非常多的困难，也遭受过他人莫名其妙的责难。但是，我坚持了下来。我认真修正错误，虚心学习不懂的知识，然后一点一点地写下去，到后来，我终于对自己写出的内容有了自信。为写就此书，我查阅了许多资料，有时还会身体力行地寻找、调查存在于我们日常生活中的助推。在调查中我发现，许多助推一目了然，但是，还有更多的助推潜藏在我们的日常生活中，不为人知。

在这本书中，我们将详细了解到：生活的方方面面都隐藏着哪些助推；助推究竟靠什么机制，引导我们主动消费；商家如何巧妙地运用助推来让消费者选购目标商品；我们又是如何在助推的作用下做出特别举动的。我相信，一旦了解了这些，你看待世界的眼光将会更加开阔而多样。

目 录

第一章

被利用的心理盲区：
决策时应如何克服"弱点"

第一章

稀缺性：是什么让你觉得机不可失

外带咖啡打折的秘密

中午，吃完可口的午餐，肚皮饱饱地走在回办公室的路上，我突然看到一家咖啡馆打出的横幅："美式咖啡特惠，外带仅需 12 元！"

要不要来杯咖啡呢？我探头朝咖啡馆内看去，等待取餐的人早已排起了长队，店内店外人声鼎沸。这种拥挤又嘈杂的环境，本来会令我退缩，但在瞥见横幅的瞬间，我的大脑就迅速反应并做出了判断——美式咖啡的卡路里要比碳酸饮料低得多，对于正在减肥的我来说，来一杯咖啡显然好过碳酸饮料。随后回办公室的路上，我的手里不知不觉间多了一杯美式咖啡，而且我还在心满意足地回味以12 元的价格买下一杯咖啡是多么实惠。

对上班族来说，午饭后的咖啡就像难舍难分的伴侣。甚至对有些人来说，回到办公室时，如果手上没有端一杯咖啡，会觉得少了点什么。我们为什么一定要买咖啡呢？这是因为，其中有一个无形的助推在诱导我们。

我们为什么要去咖啡馆呢？仅仅是为了喝一杯咖啡吗？下面这张统计图清晰地表明，我们去咖啡馆，不仅仅是为了喝咖啡（见图2）。

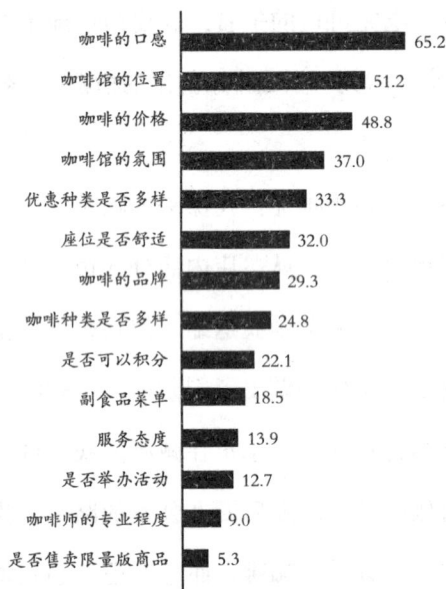

项目	数值
咖啡的口感	65.2
咖啡馆的位置	51.2
咖啡的价格	48.8
咖啡馆的氛围	37.0
优惠种类是否多样	33.3
座位是否舒适	32.0
咖啡的品牌	29.3
咖啡种类是否多样	24.8
是否可以积分	22.1
副食品菜单	18.5
服务态度	13.9
是否举办活动	12.7
咖啡师的专业程度	9.0
是否售卖限量版商品	5.3

图2 顾客选择一家咖啡馆的因素

统计数据表明，我们选择去哪家咖啡馆，主要是看咖啡的口感，此外，咖啡馆的位置、咖啡的价格、咖啡馆的氛围等因素也会被考虑在内。也就是说，与去饭店用餐不同，很少有人会不顾路途遥远，专门到咖啡馆，只为喝一杯咖啡。我们除了会考虑咖啡本身的口感与味道，还会在意咖啡馆的地段、行程路线、氛围等。这是因为，通过照片墙（Instagram）、脸书（Facebook）等社交平台上的咖啡馆照片，我们能获得最直观的感受，并在此驱使下"跟风""打卡"。也就是说，我们挑选咖啡馆的标准，不再像过去那样基于自身体验或侧重于实际效果，而是跟随照片墙、脸书等社交平台所展示的内容，变得更加感性。

如今，咖啡不再是单纯的饭后饮品，它已经融入我们的日常生活，成为一种激发感性的文化。对咖啡馆来说，忽视这种变化具有一定的风险。上班族和学生买咖啡不一定是出于享受，他们更多是因为在意周围人的眼光。上班族通常是在快速解决午饭后，用剩下的时间迅速在公司前的咖啡小店买一杯咖啡带走。社区里的"高颜值"咖啡馆与地铁站旁上班族光顾的咖啡馆，两者从餐品到营销策略都大为不同，因为它们所处的地段不同。

正是基于这些因素，咖啡馆经营者展开了思考。

对咖啡馆来说，最重要的事情是什么？是尽可能多地卖出咖啡，实现盈利，亦即在同样的时间内实现更高的销量。要想实现这一目标，最务实的办法就包括吸引回头客、广泛宣传餐品与服务。

于是，咖啡馆经营者又陷入了苦恼：为了提高销量，是改用更高品质的咖啡豆，还是精心营造咖啡馆的氛围？或者，为迎合顾客的口味，多推出一些新品？这些都是不错的办法。但是，要想在短时间内实现更高的销量，这些还不够。因为，就算把原料换成更高品质的咖啡豆、推出更多新品，在顾客看来，这些变化也没什么特别的。

这与我们在购买牛奶时，并不怎么关注其中生牛乳的比例和其他化学添加成分是一个道理。顾客并不在意也不清楚咖啡豆的质量，很少有人能品出咖啡豆的好坏，真正注重咖啡豆品质的顾客并不多。另外，咖啡馆推出新品时，意味着顾客需要放弃常喝的某款咖啡，转而尝试没喝过的品类，但是，很少有顾客会这样做。于是，一些咖啡馆开始用助推来吸引顾客，希望在短时间内聚拢大量人气，以提高知名度。咖啡馆想要找到一种营销策略或方法，既能满足"想要一杯立等可取的咖啡"的群体的需求，又能最快地完成销售目标。那么，这种策略或方法是什么呢？

咖啡馆为提高午休时段的销量而采用的方法之一就是改换"容器"。一直以来困扰咖啡馆的一件事是，很多人来咖啡馆不是为了喝咖啡，而是为了聊天或者休息。咖啡馆与其他餐饮场所的不同之处在于，很多人走进咖啡馆的目的不在于食物本身，而在于以食物为媒介来满足自己的其他需要。因此，咖啡馆想要提高销量、宣传本店的餐品与服务，不能指望那些前来聊天或休息的人，需要转而关注那些想喝咖啡但缺乏足够金钱和时间的人。为此，咖啡馆不再用马克杯来盛少得可怜的咖啡，而是准备了象征廉价的纸杯、纸杯托和塑料杯托。它们不像马克杯那样需要清洗，而且纸杯的垃圾回收工作，也从咖啡馆转移到了外带咖啡的顾客身上。对咖啡馆来说，这简直是一举两得。

把咖啡盛在纸杯里比盛在马克杯里更有情调吗？并不是。把咖啡盛在白纸过塑做成的圆纸杯里，这与"情调"二字相去甚远。想象一下酒杯中的葡萄酒和纸杯中的葡萄酒，你就能体会到其中差别。虽然纸杯缺乏情调，但其用完即弃的特性向人们表明"这杯咖啡立等可取"，这正中上班族和学生的下怀。也就是说，使用廉价纸杯是一种助推，它能向顾客传递"供应速度快"的信号。

另外，咖啡馆经营者还利用了"外带有优惠"这个助推。通常来说，只要有优惠，即使咖啡馆不改进咖啡的品质或改变装修风格，也能吸引顾客。为了更好地吸引外带顾客，经营者一般将优惠限制在固定的时间段，这是因为，相较于全天优惠，限时优惠更能吸引顾客。

为什么限时活动更能吸引顾客呢？

在经济学原理中，"限时活动"或"限量发售"遵循的正是稀缺性原理。所谓稀缺性，指的是人的欲望是无限的，但用于满足欲望的时间与金钱却不够充裕，这样一来，商品与服务的价值就会升高；而在供不应求的情况下，商品与服务的价值会进一步水涨船高。

在下列两种情况中，人们分别会怎么想？

A: 美式咖啡 12:00~13:00 限时特惠，只需9元

B: 美式咖啡今日特惠，只需9元

有人认为广告语 B 会带来更好的生意，因为在这种情况下，咖啡馆一直有优惠，人们购买咖啡时的心理障碍会更小。但是，更多人认为这种观点不合理，相反，消费者会立足于“稀缺性”进行判断。当你在中午 12 点左右看到广告语 A 时，你会因为意识到“如果现在不买，优惠就没有了”而去排队；当你看到广告语 B 时，你会认为“一会儿再来也不迟”。这样一来，相较于广告语 B，在看到广告语 A 的顾客中，真正购买咖啡的人所占比例更高。也就是说，在同等条件下，稀缺性改变了选择的标准。稀缺性原理正是像这样通过刺激人们的购买欲望，成了重要的营销策略和促销手段。

同样，在看这本书的你，此时或许会想：“哎呀，我中午刚买了一杯咖啡，是不是亏了？”你随后可能会这样安慰自己：“这杯咖啡很便宜，我并不亏。”不过，请你仔细想一下，“低价入手一杯咖啡”的反面，并不是“花更多的钱买一杯咖啡”，而是“什么也不买”——你完全可以喝水而不是喝咖啡，洗脸也完全能起到驱赶疲劳的效果。我们之所以购买咖啡，可能仅仅是因为价格有优惠。但进行消费时，我们必须牢记一点：要有主见。

打折咖啡看上去很实惠，但实际上我们花了本不需要花的钱。

我们周围处处张贴着这样的广告，告诫你要"聪明地"消费。宣传打折的广告就是最好的例子。类似"外带有优惠"这样的助推也无孔不入。喝咖啡是没问题的，但如果我们任由助推影响我们的行为并为之投入大量的金钱，就是不明智的。

是什么让你觉得机不可失

每到午饭时间，人们就会犯"选择困难症"，不知道该吃什么，并为此苦恼不已。吃辣炒猪肉，吃紫菜包饭，还是干脆吃泡面？吃这个营养不均衡，吃那个容易长胖，当我迟迟无法做出决定时，一张写着"每天都有特惠菜品"的海报映入我的眼帘。我抬头一看，原来是一家餐厅。不仅如此，这家餐厅正在开展优惠活动，平时的高价菜品，此时低价就能买到。"太好了，我正发愁吃什么，不如就去这家餐厅吃特惠菜吧！"于是，我走进了这家餐厅。

在日常生活中，我们都有过这种经历：迟迟没想好吃什么时，干脆选择去有优惠活动的餐厅用餐。甚至当我们被特惠菜品吸引而来时，我们还会头脑发热，买一些原本并不想买的东西。每个人都有独特的喜好，因此每个人喜欢的菜式、饮品乃至生活方式都有所不同。但是，这么多互相冲突的喜好是如何在一瞬间达成一致的呢？为什么人们没有选择各自喜欢的菜品，而是被动地享用那道"被餐厅安排"的菜品呢？这真是一种奇观。

　　每日特惠菜所遵循的也是经济学中的"稀缺性原理"。在限时条件下，同样的商品与服务会具备稀缺性。人们遇到"限时"的情况时，首先会认为"过了今天/过了这个时间段就买不到了"，也会主观地赋予限时商品更高的价值，因一时冲动而下单。不过，"限时"的意义不仅在于让商品具备稀缺性。对一定的商品或服务采取"限时"优惠，会使人们减少对未来价值的关注，更多地关心现时价值。也就是说，人们认为，与以后再消费相比，在当前时段消费，能花更少的钱，获得更高的价值。

　　1981年，美国经济学家理查德·泰勒做过一个实验——人们会选择现在就得到15美元，还是将来得到30美元？他让受试者写出他们认为现在的15美元在1个月后、1年后与10年后价值是多少。

　　结果表明，人们认为当前的15美元在1个月后的价值达到20美元左右，在1年后达到50美元，在10年后达到100美元。也就是说，考虑到10年的本金和利息，以及风险预留金，人们认为，15美元在10年后的预期价值是当前价值的近7倍。因此，比起将来得到30美元，人们更愿意现在就得到15美元。这个实验说明，人们一般认为，现有资产在未来价值更高。

　　为什么人们更重视现时价值而不是未来价值呢？因为人们倾向于避开未来的不确定性。我们之所以会不厌其烦地计算未来价值，是因为我们意识到未来充满不确定性。谁都不知道明天会发生什么事，就连一小时后自己会遭遇什么，我们都无法预知。在这种情况下，我们会认为，自己当前持有的15美元也可能在某一天突然价值暴跌，甚至抵不过区区1美元（虽然可能出现完全相反的情况）。在缺乏安全感的情况下，人们更倾向于马上把钱攥到手里，而不是思考15美元的未来价值。换句话说，我们之所以这样选择，并不是因为性情急躁，而是相对于充满不确定性的未来，我们更愿意把握住当下。

　　"限时活动"能促使消费者对现时价值和未来价值进

行比较，让他们在此时此刻，也就是能带来实际价值的时段，心甘情愿地购买商品。有这样一个案例：要在"购买一个月后打折的商品"和"购买当前打折的商品"之间做出选择时，人们倾向于选择后者。因为"一个月后"存在这样那样的不确定性，那时候商品未必会再打折，或者商家可能早已倒闭。

每日优惠制打消了人们"攒钱，明天再买也可以"的想法，促使人们赶在活动失效前下单——每日优惠制就是引导人们消费的一个助推。这种助推在餐厅和会员积分制中尤为常见。每日优惠制会使消费者产生"如果今天不买，就得再等一周"的想法，引导他们将现时价值和未来价值进行比较，从而得出"现在买更明智"的结论。在遇到这种促销活动时，哪怕促销的商品并不一定是自己需要的，人们也会觉得"现在不买，以后就没机会了"；而为了避免错失机会，人们最终会选择购买。

每日特惠表面上向你传达的是"优惠的喜悦"，实际上却隐藏着"过期不候的焦虑"。通过向消费者传递焦虑来提高购买概率，这种方法屡试不爽。路边宣传每日特惠菜品的横幅或广告，可以让人们更倾向于选择特惠菜品。

让我们来假设一下，你来到一家餐厅，点了一道糖醋里脊[①]。

A: 糖醋里脊 38 元→28 元

B: 番茄炒鸡蛋 18 元

C: 番茄牛腩 38 元

在菜品 A 与菜品 B 之间，人们倾向于选择 A。这是因为，虽然 B 的价格比 A 低，但 10 元的优惠使 A 看起来更具诱惑力。人们并不一定购买绝对价格更低的商品，而是倾向于更能从中获得满足的商品。

而将 A 与 C 比较一番后，人们还是会选择 A。虽然糖醋里脊与番茄牛腩的定价相同，但糖醋里脊当日的实际价格比原价优惠了 10 元，这使得购买糖醋里脊的人很满足："真棒，我省了 10 块钱。"因此，糖醋里脊更受欢迎。如果像这样每天推出特定的菜品，顾客就会在满足感的驱使下消费目标菜品；而商家也能利用这个技巧，提高目标商品与服务的销量。

---

① 为贴近中国读者，原文中的菜品均改为中国读者常见的菜品。——译者注

我们总觉得自己很聪明。当我们买到比原价优惠 10 元的商品，或是结账时使用了优惠券，我们就会觉得自己得到了实惠，是平稳航行于信息汪洋中的掌舵人。但是，我们有必要想一想，我们最初明明想买的是这种商品，为什么最终买的却是其他商品呢？让我们购买某种商品时感到满足，这不正是餐厅的套路吗？

当你觉得某次购物很划算时，商家也会让你强化"我买得很划算"这种印象，将你引向下一种打折商品；随着消费积分不断被使用，积累更多积分以换取更多优惠的心理就会促使消费者重新回到店里消费，从而开启新一轮的积分抵扣。"聪明地消费 = 划算地购物"这种思想究竟是谁灌输给我们的，我们应当好好反思。

从众效应：你无法戒断的本能

人往人多处走

江南地铁站①的地下商业街总是人潮汹涌。人们步伐轻快，或是走向地铁站，或是奔向公交车站——看看他们的神态便知道，他们下班了。不知为何，比起上班时的疲倦、麻木，人们在结束一天的工作，走在回家路上时，气色反而更好。而在回家路上，迎接他们的是地下商业街内的众多店铺。商家将琳琅满目的服装、饰品摆在街边，令脚步匆匆的人们为之驻足。

生活在城市里的人，或多或少都逛过类似江南地下商业街这样的地方。曾经无人问津的江南地下商业街，如今

①　江南站位于韩国首尔特别市江南区骡三洞，文中提到的韩国其他地铁站将不再一一介绍。——译者注

成了人们竞相“打卡”的文化空间。如果你来到位于江南站、永登浦站、水原站、富平站等地铁站的地下商业街，你就会发现，那里卖的都是一些没有商标、价格低廉却很实用的衣服。我也曾在那里多次购物，不过当我付完账，走出商业街时，我的脑海里会突然闪现一些问题：为什么我们会在这样的地方买东西呢？难道这里也有着我们不知道的助推？

虽然生活在同一片天空下，但男性和女性几乎是完全不同的物种。在逛街问题上，双方的差异尤其突出。女性花在逛街上的时间令男性望尘莫及，花销也高于男性。为什么会存在这种差异呢？因为男性和女性用来认知商品与服务的身体构造存在不同。

男性更看重商品的功能性。换句话说，男性倾向于购买自己常用的商品或服务，而女性刚好相反。除了功能性，女性还会综合考虑品牌故事、品牌与自己的契合点以及其他细致的需求。也就是说，男性与女性看重的价值不一样。表1和表2将男性和女性看重的事项分为“是否对商品本身感兴趣”和“是否关注商品的创新性”。通过表1和表2，我们可以了解男性和女性对商品的偏好有多么不同。

表 1　男性对商品的偏好

商品的创新性	兴趣高	兴趣低
高	旅行、电影、衣服、食品、运动鞋、手套	包包、保健品、演唱会、鞋子、护肤品、帽子、乐器、首饰、摩托车、自行车、牙齿美白、牙齿矫正、照相机、咖啡
低	电视游戏、电脑游戏、运动商品、茶叶、电脑、智能手机	电视、美甲商品、化妆品、整容、内衣、围巾、袜子/丝袜、汽车摆件/挂饰、书籍、咖啡周边商品、文具、头饰、美肤

资料来源：郑仁熙，《男性消费者和女性消费者对不同商品的关注程度及其与商品创新性的联系以及商品的感知结构分析》。

表 2　女性对商品的偏好

商品创新性	兴趣高	兴趣低
高	包包、演出、鞋子、护肤品、化妆品、首饰、袜子/丝袜、旅行、电影、衣服、外出就餐、运动鞋、手套、牙齿美白、照相机、咖啡、美肤	保健品、帽子、整容、围巾、钟表、牙齿矫正、咖啡周边商品、文具
低	美甲商品、内衣、手机	电视、电视游戏、笔记本电脑、运动商品、乐器、摩托车、私家车、汽车摆件/挂饰、自行车、书、台式电脑、电脑周边商品、移动电子设备周边商品、平板电脑

资料来源：郑仁熙，《男性消费者和女性消费者对不同商品的关注程度及其与商品创新性的联系以及商品的感知结构分析》。

　　男性和女性对商品与服务的认知差异，造成了他们消费行为的不同。男性注重商品的功能性，所以，能让男性消费者感兴趣的商品并不多。在判断商品是否值得购买时，男性通常有确切的标准，所以，他们的购物时间非常短。女性在购物之前，会对商品多方面的价值进行考量，所以，她们的购物时间相对很长，而且实际购买的商品可能比预想的多。可以说，现在各式各样以女性消费者为目标的营销策略，都利用了她们的这一特点。

另外，男性与女性在购物过程中也存在差异。如果购物时的操作过于烦琐，男性会直接放弃购买，因为男性更看重买到了什么，而不是买的过程。因此，男士用品店会尽最大可能简化购买手续。相反，女性会灵活地使用"购物车"和"愿望清单"。我们在网上商城和化妆品店都会发现"购物车"或类似功能的设置，这最大限度地迎合了女性近乎"地毯式扫荡"的消费模式。这样的安排，是为了让女性将放进"购物车"内的商品一起进行结算。对于心仪的商品，女性并不会直接买下，而是满足于将它们放在"购物车"内，或是经过一番精打细算后再结算。

过去的地下商业街是为人们提供手机开通服务及其他服务的商业中心。那时，提供手机开通服务的代理店远远多于服装店。但是，人们并不是非得去这样的手机代理店，渐渐地，地下商业街的手机业务没有了往日的辉煌。地下商业街的没落，正是因为商家没有掌握消费者的消费模式。

为了走出困境，地下商业街的商会经过苦苦思索，终于想出了办法。他们一改手机代理店一家独大的局面，鼓励其他行业的店铺入驻，为商业街注入新鲜血液。但是，有一个很重要的问题：不开手机代理店，开什么店呢？这时有人提出来，可以开一些简易的小吃店。因为地下商业街的人流量极大，对小吃的需求肯定是有的。不过，这种想法可行性不高，因为制作大部分小吃都需要开火，但地下商业街的通风状况并不好，食物的气味散不出去，而且很容易发生火灾。

也有人提出可以开饰品店或办公用品店，但随之也遭到反驳。与开在地上的店铺不同，地下商业街的采光很差，常常给人一种"落后"的感觉。因此，很少有人愿意到地下商业街购买贵重首饰，挑选、试戴金银饰品。

最终，商会决定销售一些适合女性使用的商品，因为女性流连于商店的时间远多于男性。男性只会购买自己需要的物品，而女性则不同。形形色色的商品与服务都在女性的挑选范围内，女性经过仔细比较，最终会选购"最优解"。商会认为，如果以女性消费群体为目标进行调整，地下商业街就会重新焕发生机。随后，商会关停了手机店，采购了许多时尚类商品，包括鞋子、衣服、首饰等；商会还迎合女性的审美，将店铺装修得很休闲、舒适。经过一番努力，地下商业街再度迎来了繁荣，甚至更胜从前。但是此时，又一个问题出现了。要想吸引女性顾客，地下商业街需要一种隐蔽的力量来留住新顾客。这股力量就是利用了从众效应的助推。

所谓"从众效应"，指的是个体受集体的影响，改变自己的态度或行为的现象。除了特殊情况，个体基本都是国家、阶层、爱好者协会或家庭等各种共同体的一员。个体通过与共同体内其他成员的相互作用对自身的行为进行评判，如果自己的行为与他人不一致，他就会改变自己的行为。所罗门·阿希（Solomon Asch）进行的"线段实验"就是从众效应的代表性实验之一（见图3）。

在该实验中，被试先是拿到一张画有一条线段的卡片（卡片1），随后又拿到一张画有三条不同长度线段的卡片（卡片2）。然后，被试被要求回答，在卡片2的三条线段A、

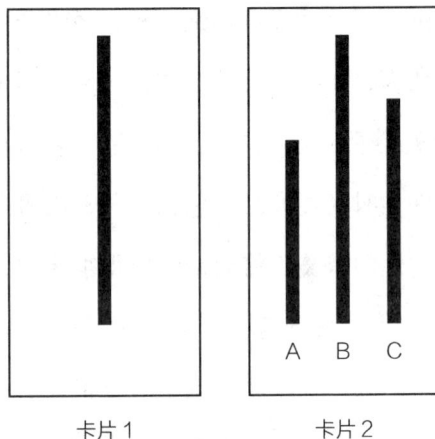

卡片 1　　　　　　　卡片 2

图 3 所罗门·阿希的线段实验

B、C 中，哪一条线段与卡片 1 中的线段长度相同。每次都
有 7 个人一同参与实验，但真正的被试只有 1 个人，其余 6
个人实际上是助手。回答顺序靠前的助手会故意给出错误
答案，以此来测试被试是否会坚持正确答案。实验结果令
人吃惊：在被试单独回答问题的情况下，被试的正确率高
达 99%；在集体环境中，被试的正确率只有 36%，相比之
前足足降低了 63%。在测试卡片相同的情况下，为什么被
试的正确率会相差这么多？这与实验中其他 6 个人故意给
出了错误答案不无关系。

　　当其余 6 个人都给出错误答案时，被试会想："咦？

他们的答案为什么和我的不一样？难道是我错了？"内心经过一番挣扎后，被试会舍弃原本正确的答案，转而选择其他6个人一致认定的答案。所罗门·阿希进行了后续实验，试图确定实验中助手人数与从众效应的关系。他发现，被试在单独回答问题的情况下，从众效应不会发生；当他与三个助手一同参与实验时，从众效应就会很明显。这就是基于从众效应的"三人法则"。

所谓"三人法则"，指的是有三个及以上的人做出某种相同的行为时，其他人也会跟着做出这种行为。举个例子，当三个以上的人同时抬头看天时，其他人也会不约而同地仰起头，看看天上有什么东西。人是社会性动物，无时无刻不受到社会状况和社会结构的影响，因此，人会做出这种举动。我们看到许多人聚集在一起时，会想上前查看他们究竟为何聚集。

让我们按照"三人法则"的逻辑思考一下。如果有三个或以上的人站在某家店门外，路过这家店的人就会受到影响，进而对这家店产生兴趣。基于这一点，地下商业街采取的助推策略就是，"引诱"两三名顾客站在店门外，以此吸引更多人。

为了让顾客站在店外而不是店内，服装店会挑出光鲜、漂亮的衣服挂在门外，并标明折扣，或是标出一个不会让消费者有心理负担的价格。人们对挂在店外的衣服和折扣产生兴趣后，自然而然就会驻足。而路过地下商业街的人看到这种情况，也会情不自禁地向这家店走去。这里用到的助推，是让至少三个人站在店门口，从而达到让更多人走进店内挑选商品的目的。这样一来，一向精挑细选的女性顾客就会顺理成章地走进店内，继续寻找适合自己的衣服。为了卖出"贵一点儿的商品"，商家在"三人法则"得到成功应用后，继续研究起了其他策略。

最贵最漂亮的衣服：放在服装店最里侧

服装店虽然会通过廉价的衣服吸引顾客，但是，把廉价的衣服与价格稍高的衣服一起售卖，所获利润会比只售卖廉价衣服要高。因此商家通常会将最贵也最好看的衣服放在收银台正前方或最里侧的角落里，以此引导顾客在店内多挑多看。

没有价格标签

观察一下地下商业街售卖的衣服，你就会发现，只有挂在店门外、令人驻足的衣服有价格标签，店内的衣服都没有。人们只要看到昂贵的标价，就会感到"肉痛"。为了把这种"痛苦"降到最低，很多商家会把价格标签放在不显眼的地方，或是干脆摘掉。

商家灵活运用从众效应经营门店以来，来到地下商业街的人比以前多了。

一个人会不可避免地被另一个人的举动所吸引，就像本能一样。不过，被从众效应影响的人并没有完全放弃理性或思考。每个人都会被他人的想法所影响，但更重要的是，如果你意识到有些东西适合别人而不适合你，你最好的选择就是不跟风。被他人影响或吸引不一定是坏事，但被别人牵着鼻子走就不应该了。

用"先到先得"引发抢购

你或许曾在某场"先到先得"活动中拔得头筹，但那真的是因为你运气好吗？"运气好"只是你的错觉。你要明白，商家举办的"先到先得"活动不是什么慈善事业，他们也不会真的按顺序向顾客"施以恩惠"。"先到先得

/ 手慢无"活动在线上线下都很常见。商家在线下举办此类活动时，人们会排起长队；商家在线上举办此类活动时，人们会一刻不停地狂点鼠标，只为比其他人先进入活动页面。韩国的炸鸡店也发展出了新的活动模式——"前100名购买者享半价"。人们为了享受优惠，纷纷排起了长队，看到这番景象的你，是不是也会不自觉地加入他们——这不正是利用了人们心理的某种助推吗？

"先到先得"就像一场赛跑。人们被安排在同一个赛场上，成为彼此的竞争对手，跑到终点的人会按照先后顺序获得相应奖励。同样，在"先到先得"这一独特模式下，只有那些排除干扰，一心追逐目标的人才能得到相应的商品或服务。最重要的是具备这种不顾一切地追求目标、雷厉风行地达成目标的能力，这也是"先到先得"的魅力所在。

为什么我们在面对"先到先得"活动时，会分外狂热呢？这是因为，在活动中，人们完全按照先来后到的规则进行排名。在"先到先得"活动中，一个人的能力和财富等因素都不起作用，重要的是谁排队更靠前。这种规则也降低了人们排队时的风险。不过，如果仔细分析这种规则，你就会发现，还是会有外部因素不可避免地参与进来。举个例子，大学生为了选课，会跑去电脑性能更好的网吧。因为在某种程度上，电脑的性能影响着他们的选课结果。当然，这种外部因素并不会完全左右结果，但是，规则的权威性会因此受到挑战。

消费者一旦发现有"先到先得"活动，就会马上参与排队。**但是，商家举办此类活动，不只是为了提升优惠商品的销量，更是为了让全部商品和服务走进人们的视野，引起人们的关注，提高自己的知名度**。换句话说，商家可以通过引导消费者，让他们在当前的优惠范围外进行更多消费。引导的核心就在于让人们排队。看到别人排队抢购商品或对某事表现得很热心时，有些人就算对目标商品和服务不感兴趣，也会对排队的场面产生兴趣；如果目标商品和服务恰好对了某些人的胃口，他们就会向更多人宣传"先到先得"活动。这正是商家的目的。"先到先得"活动旨在最大限度地发挥从众效应的效果，而为了增强这种效果，商家想出了"排队""引导人们参与"等方法，并在消费者身上成功运用。接下来，让我们一起了解一下"先到先得"活动是如何开展的，商家又在其中暗藏了什么助推。

我们走在大街上，有时会遇到人们排长队领取"免费物品"的情况。看到人们大排长龙，有些人会悄然路过，不为所动；有些人会对排队的目的产生兴趣，或是想免费领东西，从而加入排队大军。为了让更多人来排队，商家会故意把入口设置得很窄，让排队的人看起来很多。那么，排队又会产生什么效果呢？

不知为何，我也想参与

当处于社会或集体中的人们做出一模一样的举动时，个体自然而然就会对这一举动感到好奇，并且做出同样的举动。同样的道理，我们看到别人排队时，就会产生好奇心，并随之去排队。这是让原本无意购物的顾客对商家产生兴趣的关键。

心疼花在等待上的时间

经济学里有一个术语叫"沉没成本"。"沉没成本"指的是已经投入、无法收回的支出。人们在排队等待的过程中投入了时间。而且，如果人们发现马上就要排到自己了，就会愿意再等一会儿，而不是放弃排队。更何况，人们即将获取的物品，其价值得到了"等待时间＋商品实际价值＋禀赋效应"（某人一旦拥有某个物品，他对该物品价值的评价就会更高）的加持。这样一想，人们就更不愿离开了。

这种"排队"策略突出了"先到先得"活动的价值所在，也就是稀缺性，从而成为让人们埋头参与活动的一种手段。因此，在"先到先得"活动中，商家会故意限定数量、缩窄入口。此类活动不仅适用于丝绸店，还适用于游乐设施、书店收银台等。

线上平台应用从众效应的例子更是数不胜数。但与线下不同的是，在线上，人们不需要物理意义上的排队，只需要守在电脑或智能手机前就行。因此，我们很难通过目睹其他人排队的场景产生从众心理。考虑到这一点，线上平台采用了其他策略：显示剩余量。

为什么要显示剩余量呢？为了给消费者制造焦虑。假设某种商品原本有10000件，现在只剩下100件，而且只有前100名可以免费获得。这意味着，对于想要这件商品的人来说，只要行动稍慢，就可能眼睁睁地错失免费的机会。基于这种考虑，消费者会不管三七二十一，先参与进来。而且，人们参与活动的程度越火爆，就越会让别人产生"别人都去了，我也要去"的想法。换句话说，看到很多人都参加了某项活动，我们会觉得这项活动值得信赖。如果屏幕上显示的免费名额已经所剩无几，人们就会产生紧迫感，从而当机立断，马上参加活动。

"先到先得"活动一般在顾客较少的时段举办。商家不能放任生意冷清的时段不管，会想办法引导人们在这个时段继续消费。在"先到先得"活动中，大多数人还没来得及查看物品的质量与使用年限，就被"免费""顺序"这样的词语冲昏了头脑，他们在并非不去不可的时候，走进了线下店铺或点开了线上购物网页。哪怕在商品不好卖的时候，商家也有办法让消费者掏钱包：对消费者来说，只要价格便宜，什么时候购买这些商品或服务都无所谓。"先到先得"活动也运用了"限时"策略。

如果说上述案例突出的是"先到先得"，下列案例则省去了"先到先得"这种用语，只介绍商家如何看似自然地进行活动宣传。其中最具代表性的策略是"抢购法"，这种策略不提及"先到先得"，只显示某种商品的开售时间。所谓"抢购法"，是指低价出售演唱会门票、机票等特定商品或服务，或者出售高稀缺性商品时使用的一种"先到先得"策略。大学生在每学期都要经历的抢课就暗含着这种策略。

"抢购法"只注明开售时间，其原因显而易见：为了维护哪怕不宣传也广为人知的商品所具有的价值，或是高稀缺性商品的价值，以防止外部因素伤害活动的公平性。也就是说，"抢购法"主要是为了保证人们购买稀缺商品时的公平性。"抢购"时间一旦被公布，人们的反应大致会分为以下两种：一是为了抢到票，即刻开始做功课，在线下准备资金，在线上搜寻抢购攻略；二是在互联网上发帖子分享自己的方法。这种行为既在无形中宣传了商品与服务，又暗示了其他人"该商品卖得很好"。

抢购结束后，参与者又可以分为以下两类：一类是抢购成功的人，一类是抢购失败的人。他们都会记录下自己的抢购经历，或是喜悦，或是遗憾，并且会顺带介绍一些商品相关的信息。对商家来说，最重要的是人们留下的抢购经验帖，因为这些经验帖会变成优秀的营销资源，是很好的宣传。很难想象，商家只需要公布开始抢购的时间，就能引得人们奔走相告，产生很好的效果。

"先到先得"带给我们的启示也很明确。说到底，"先到先得"打着给予顾客优惠的旗号，实际上是在塑造商家在顾客心目中的正面形象。它还是引导人们一传十、十传百，并以这种方式进行品牌宣传的一种助推。商家不会恳求我们帮忙宣传；商家只会告诉你，只要你有能力，任何时候都可以成为活动的主角。基于这样的信息，消费者会自然而然地主动帮商家宣传品牌。就这样，我们在不知不觉间，成了某个品牌的宣传大使。

相对性原则：被"精心安排"的对比

对上班族来说，午休时间是名副其实的"点心"时间 ① ——在心间点上一个休止符，工作暂时告一段落，用餐休憩的时间到了。

一到中午 12 点，结束了一上午工作的人们便蜂拥而出，如同觅食的鬣狗一般找寻可以美餐一顿的餐厅。有些人很快便坐在餐厅里大快朵颐，有些人还在大街上双手插兜，找寻吃饭的地方。这时，你发现一家烤肉店在卖泡菜汤，价格仅为 38 元。对比一下其他饭菜的价格，这已经很便宜了。你想，这可是一家烤肉店，说不定会在泡菜汤里加很多肉。

---

① 韩语中，점심意为"午餐、午休"，对应的中文汉字为"点心"。——译者注

你的视线转移到烤肉店门口，泡菜汤作为午餐特惠套餐出现在店门口的海报上。你对海报产生了一种莫名的信任感。在进餐前，你已经有了"泡菜汤不仅价格便宜，味道也很好"的感觉。那么，餐厅为什么会推出午餐特惠套餐呢？我们又为什么会对午餐特惠套餐"一见钟情"呢？

上班族中午一般是不吃烤肉的，因为衣服会被熏上烤肉的味道。在日常工作中，上班族基本都是身着最端庄正式的衣服。如果中午吃了烤肉，下午上班时，烤肉的味道便会在办公室弥漫，让人无法专心工作。不要说会对周边同事产生影响了，就连自己也会被分散注意力。因此，午餐时，上班族对味道较大的食物总是避而远之。

另外，如果吃烤肉或其他好一点的食物，一顿饭就要花上百元，这对上班族来说压力很大。他们基本不会每天在吃饭上花几百元钱。尤其是那些打算省钱的人，很少选择去高消费餐厅吃饭。

最后一个原因是，吃烤肉太花时间了。上班族的午休时间是 1 小时左右，如果你和同事一起去吃烤肉，而且没预约位置，那么加上等待时间，你们的吃饭时间很可能会超过 1 小时。在这种情况下，没有人会不识趣地坚持要吃烤肉。这正是烤肉店的苦恼所在。

像烤肉店、日料店这种人均消费较高、只有晚间生意较红火的餐厅，由于备餐耗时较长，即使在中午时段店门大开，也少有人光顾。为了在中午时段吸引更多的上班族到店内就餐，获得更高的收益，这些餐厅开始转换思维。有些餐厅很快就找到了方法：推出午间限定套餐。

如果餐厅能在主菜单的基础上，新推出一些可以即用即走的"快餐"，就一定能吸引更多上班族。比起只在晚间营业，这样做会带来更高的收益。话虽如此，餐厅也不会盲目地张贴"提供特惠午餐"的海报，因为其他存在竞争关系的餐厅已经开始这样做了，后者可不欢迎新竞争者。所以，在不改变"多招揽顾客"的前提下，餐厅还要设置三个助推。

我们进入一家餐厅后，服务员会主动递来菜单。请大家观察一下午间特惠套餐一般在菜单的哪个位置。根据我的观察，99%的午间特惠套餐都会被安排在菜单的最右侧或最下方。因为这份菜单是根据顾客的浏览顺序设计的。

一项基于用户体验的研究表明，一个人在看菜单时，视线倾向于从左到右、从上到下。换句话说，人们一般看完左侧的内容，才会浏览右侧的内容，看完上方的菜品，才会注意到下方的内容。因此，如果将午间特惠套餐安排在菜单的右下方，那么人们只有看完整张菜单后才会注意到它。这样安排主要是为了凸显午间特惠套餐"相对便宜"的特点。

通过下面的示例，我们一起来了解一下"相对便宜"是如何被认知的。

A: 25 元 /25 元 /25 元

B: 60 元 /60 元 /30 元

这是两家餐厅各自菜单上的价格。虽然 B 餐厅的绝对价格更高，但人们会认为其 30 元餐品比 A 餐厅的 25 元餐品"更便宜"。因为在 B 餐厅的菜单中，60 比 30 大，所以 30 元看起来更实惠——虽然实际上 A 餐厅的价格更便宜。

大部分提供午间特惠套餐的餐厅，遵循的都是 B 餐厅所使用的助推，也就是把午间特惠套餐安排在最后，并在特惠套餐之前安排价格更高的菜品进行衬托。像烤肉店、日料店这种基本消费较高的餐厅，都会使用助推，想方设法让午间特惠套餐看起来便宜一些，使顾客在下单时能获得更多满足感。

在韩国知名菜包肉品牌"元奶奶菜包肉"店内，基本款菜包肉的价格为180元~300元。也就是说，"元奶奶菜包肉"的基本消费就已经让人相当有压力了。不过，"元奶奶菜包肉"供应的午间特惠套餐只有38元左右，相当于300元的13%。当然，如果将38元的午间特惠套餐与28元~30元的其他菜品相比，我们就会犹豫不决。但是，有店内基本消费水平在前，我们就会觉得，还是选择午间特惠套餐更划算。

与300元的菜包肉相比，午间特惠套餐确实朴素了一些，但是不需要花太多钱，就能在"元奶奶菜包肉"吃一顿午饭，我们还是很高兴的。

人们将菜品价格进行比较后，会更乐意购买午间特惠套餐，这种安排就是引导人们消费的一种助推。

除了午间特惠套餐，餐厅还推出了一种新的激励策略。吃完饭后，顾客如果持收据到与餐厅有合作关系的咖啡馆购买咖啡，便可以享受相应折扣。餐厅为什么会和咖啡馆达成合作呢？这是为了让顾客在看到咖啡馆优惠活动的宣传语时，能联想到咖啡的香醇，从而为购买咖啡提供一个合理的借口。而且，餐厅主动提供让利，可以给顾客留下不错的印象，达到吸引回头客的目的。

就算你本来没想在餐后喝咖啡，当你结账时看到"咖啡优惠"的宣传语，脑海中也会有一个声音对你说："咦？咖啡竟然有优惠。难得碰上一次，要不然就买一杯吧。"虽然我们最初并没有打算买咖啡，但在广告语的提醒下，我们开始想象咖啡诱人的色泽，回味咖啡香醇的口感……一瞬间，我们就为自己找到了购买咖啡的正当理由。顾客当然可以选择把收据丢掉，不去买咖啡。但是，很少有人能不为所动，很多顾客会把"午餐中省下来的十几块钱"用来买咖啡。不过，你要知道，只有当你不买咖啡时，这十几块钱才是真的省下来了。

午间特惠套餐的成功，在于运用了相对性的魔法。你认为自己的所有行为都是合乎理性的，殊不知商家或其他人只要稍微施加一点"相对性"魔法，你就晕头转向，甚至都意识不到这一切只是套路。所以，我们有时反而要避免所谓的"理性思考"，因为那样做往往会适得其反。

如果你能牢牢记住"相对性"不可思议的魔力，你在消费时就会更聪明。

因果关系："种草"的秘密

昨晚，我偶然进入一个网络社区，看到了这样一篇帖子："我们将从针对某款商品的评论中选出优质内容，送上 1818 元奖金。"

我被这笔不菲的奖金吓了一跳，于是点进商品页面一看，已经有 1000 多人参与了这项征集活动。随后，我在另一个商品页面中看到了类似的内容："只要发布评论，你就可以参与抽奖，有机会免费获得优惠券。"写评论居然有这么多好处！抱着试试看的想法，我用 3 分钟时间写了一篇评论，然后获得了一张优惠券。我感到很开心，随后就用这张优惠券买了一本平时舍不得买的书。

我们留意一下就会发现，很多平台都会举办这种征集评论的活动。人们只要撰写评论，就会获得奖励，甚至优质评论还会获得奖金。

那么问题来了，商家不惜投入相当的资金举办此类活动，究竟是为了什么？而且，人们为什么乐于参与其中？商家自掏腰包发奖金，真的是在浪费钱吗？并不是。评论数越多，相关的信息就会被更多人看到；人们看到评论后，会纷纷购买相应的商品，并且会对该款商品继续自发地撰写评论。

让我们站在商家的角度想一下，想要让人们自发地撰写评论，商家会安排怎样的助推呢？

所谓评论，就是指顾客在使用或体验过相应产品或服务后留下的评价。顾客会在评论中真实全面地记述使用产品的经过，以及在使用产品过程中感到满意和不满意的方面。举个例子，在品尝过某款指定的食物后，你对该食物的味道、餐厅的服务等所做的详细记述，就是评论。对于没有购买过该款商品或没有体验过相应服务的人来说，评论非常具有参考价值，而且极有可能会促成交易。

举个例子，2016 年，韩国知名化妆品牌 Mefactory 推出的新产品"粉红猪鼻贴"就是以顾客的评论为宣传内容，口口相传，声名远播。评论成为粉红猪鼻贴提高知名度的关键。

在化妆品广告中，由明星向大家介绍并强调某款产品的优点已经显得有些失真，如果是亲身体验过这款产品的顾客的评论就会不一样。人们在阅读评论时会产生认同感，进而对产品本身产生兴趣。

面向没有体验过产品的人群，一篇全方位的评论就成为影响人们购买决策的关键。

相较于客观数据，我们为什么更相信区区几个人的主观评价呢？这是因为，与客观数据相比，主观评论更加详细，而且更突出因果逻辑。换句话说，主观见解对产品的描述更加细致，而且与实际情况的因果关系更加契合。出于这一点，人们更加信赖评论，而不是基于样本对象（明星）得出的数据。

你不相信？好吧，请对下列情况做出直观的回答：

小王生活在A地，想要买一个比萨。基于以下条件，请你猜猜小王会买什么比萨。

在A地售卖的所有比萨中，什锦比萨占90%，烤肉比萨占10%。

你认为小王更喜欢烤肉比萨。这一结论有70%的概率是对的，有 30% 的概率是错的。

那么，小王买烤肉比萨的概率是多少呢？

如果你的答案是"70%"，那么你是忽略了第一个条件中两种比萨的市场份额，更看重"小王喜欢烤肉比萨"这个条件。事实上，这个问题没有正确答案。但是至少你知道，在计算小王买比萨的概率时，不是要看全部的统计数据，而是应该更重视因果关系。

因此，与全部统计数据相比，符合因果关系的评论被人们赋予了更高的价值。

商家发现，与投入巨额广告费、传递营销信息的广告相比，让顾客成为一种宣传渠道，往往会带来意想不到的效果。

因此，为了让更多顾客发布评论，商家运用了各种各样的助推。无论顾客对产品是否满意，商家对顾客的评论来者不拒。

评论一般限定为 150 字到 500 字，撰写一篇评论需要 2 到 5 分钟。虽然 2 分钟时间不算长，但人们还是认为撰写评论是浪费时间，因此，对此并不积极。人们通常只关注产品本身的好坏，至于撰写评论，则认为并非必要。

人们通常有分享好物的习惯。人们遇到好物或是体验过很棒的服务后，一般会主动向大家推荐；反之，遇到体验很差的服务后，人们也会发帖子，提醒其他人不要"踩雷"。然而，对于不温不火的产品，人们却想不起来为其撰写评论。大多数顾客不愿意写评论，是因为感受不到写评论的价值所在。商家为了增加评论数，向顾客设置了多种多样的助推。接下来，让我们看一看商家都运用了哪些助推吧。

第一种助推是向撰写评论的买家发放购物补贴。为了引导买家多发布评论，商家会在买家购买其他商品时发放补贴，这样一来，买家就会将撰写评论视为理性消费的一种方式，然后点击商家的其他链接，继续进行消费。你在购买一种商品后，看到"撰写评论即送9折优惠券"的帖子时，会做何反应？

A: 不写评论，直接略过

B: 用3分钟时间写一篇评论，然后领取9折优惠券如果你选择 B，那么对你来说，撰写评论是一种投资行为，因为写评论可以让你在接下来购物时节省更多的钱。另外，拿到 9 折优惠券意味着你得到了以更低价格购物的机会，因此，你很可能会再次光顾这一商家。通过奖励机制，商家不仅能收获大量评论，还能吸引买家回购，发展回头客。

第二种助推是赋予评论稀缺性。虽然对评论进行奖励的做法可圈可点，但其缺陷也显而易见。很多消费者产出了大量无用评论——他们只是随便写写，只要能拿到奖励就好。为了快点"写完"评论，他们用星号（*）来应付，这实际上对树立产品形象并无助益。为了保证评论的质量，商家将发放购物补贴变为发放奖金，而且与以往"人人有份"不同，高额奖金只发给写出优质内容的少数人。以往购物补贴的面值只有 1 元到 10 元不等（而且有使用期限）。也就是说，筛选出优质的评论，向写出这些评论的买家发放奖金和奖品，这是一种约定。而且，"谁都有可能中奖"的宣传，大大降低了参加活动的门槛。

物以稀为贵。比起人人有份的购物补贴，人们更喜欢仅有几个人才能得到的奖金。实际上，在一款匿名问答

App 上，250 个人就"参加征集活动时，应该选择奖金为 60000 元 / 人还是 60 元 / 人的活动"的问题进行了回答。选择参加前者，也就是奖金为 60000 元 / 人的征集活动的足足有 231 人。60000 元 / 人的奖金所具有的稀缺性，成了人们参加活动的动机——即使终极大奖"花落你家"的可能性微乎其微。比起普通而又常见的商品和服务，我们会赋予高稀缺性物品以更高的价值。参加评论征集活动的人也是这样，他们不正是将活动视为获得独一无二奖金所经历的一个过程吗？

"说不定我就是那个'天选之人'。"原本不打算写评论的人也会抱着这样的想法加入活动。这样一来，商家就会收到更加优质的评论。商家用丰厚的奖金来征集评论，让人感到意外的同时，也将奖金的作用发挥得淋漓尽致，不能不称之为绝妙的助推。

我们在安排约会地点或寻找美食店时，都离不开陌生人的评论和星级打分。人们都推荐的地方，一定很不错，至于餐厅的销售额如何，我们则毫不关心。可见，我们在日常消费中的判断和决策，主要依据因果关系明确的评论，而非精确严谨的数据。我们现在已经了解，商家正是运用了这一点。

　　希望大家都能记得，我们视作评判标准的东西，往往是被无处不在的助推创造出来的。

第二章

谁在做出决定：
选择中的认知偏见和谬误

锚定效应：你的决定是如何被误导的

高价的便宜货

假设你与朋友或家人一起外出旅行，此刻正开车行驶在高速公路上。坐在副驾驶座的朋友突然内急，于是，你们急忙寻找服务区或收费站，打算去那里暂停一下。这时，路边恰好有一处服务区出现，于是你们直奔那里而去。来到服务区，大部分人在去过洗手间后，都会去超市买点吃的。手提满满两大袋食品回到车里，你们又兴高采烈地踏上旅途。

无论是旅行还是出差途中，高速公路的服务区都是不可或缺的存在。服务区不仅可以在旅客内急时提供方便，还会为饥饿的旅客供应各种食品。最近有人还专门去各个高速公路的服务区旅游，这意味着服务区已经不单纯是提供休息与便利的场所，正在成为旅行的一部分。可是，为什么我们来到服务区后，总会毫无目的地买上满满一袋食物，而且每次途经服务区都会如此呢？这是因为，在服务区内有着令人意想不到的、引导我们进行消费的助推。

我们来到服务区后，通常对什么最苦恼呢？当然是价格。服务区内大多数食物的价格都比市场价格贵 5 元 ~ 10 元，这是服务区特殊的地理位置带来的食物稀缺性造成的。

我们在国道或市里的马路边买杯咖啡不算什么难事，但在高速公路边买一杯咖啡实属不易。如果我们的行驶路线沿线有很多家咖啡店[1]，我们就可以细挑慢选，然后光顾其中一家，而且咖啡店越多，可选择的范围就越广；但在咖啡店很少的情况下，我们的可选范围就很有限。服务区也是同样的道理。由于高速公路的服务区里可供选择的咖啡店很少，就算价格很贵，人们也会咬牙购买。也就是说，服务区凭借其得天独厚的地理位置，当然有提高价格的资本。

---

[1] 因为在经营方面的差异，咖啡馆经营场所较大，售卖有现磨咖啡，主要为顾客在馆内饮用服务，故将此处贩卖咖啡的小型商铺称作咖啡店，以有所区别。——译者注

人们都认识到，服务区的物价高于标准市场价。于是出现了这样的现象：即使在急需购物的情况下，人们也会因为价格过于昂贵而犹豫要不要买。有些人会因为服务区的食物价格太过离谱，而选择饿肚子。

如表3所示，服务区食物的价格比市场价格高约50%。当你在服务区看到"天价"食物时，你的想法不外乎两种：虽然很贵，但是可以凑合吃一顿；算了，还是去服务区以外的地方吃吧。长此以往，总有人会在服务区消费时变得犹豫不决，甚至干脆拒绝消费。不过，人们不愿意在服务区被"痛宰"，不代表他们不会走进服务区。他们仍然会使用服务区的洗手间，或因为旅途疲惫，到服务区短暂休整一下。由于服务区的功能与便利性无可替代，就算它的食物价格比市场价格高出30%～50%，它的客流量仍然有增无减。

表3　韩国高速公路服务区食物价格排行榜

排名	服务区	食物	价格（折合人民币）	服务区收入占比	备注
1	始兴天空服务区	龙虾番茄意面（内含龙虾半只）	120元	41%	民资
2	麻长综合服务区	利川大米特色套餐	108元	25%	民资

续表

排名	服务区	食物	价格（折合人民币）	服务区收入占比	备注
3	始兴天空服务区	大骨汤	102 元	35%	民资
4	梅松服务区（木浦方向）	鲜虾奶油汉堡意面	96 元	50%	民资
5	高敞服务区（始兴方向）	丰川鳗鱼盖饭	90 元	服务区直营	民资
6	锦江服务区	汉堡牛排	90 元	20%	民资
7	德坪服务区	辣蒸牛排骨套餐	90 元	29%	民资
8	麻长综合服务区	辣炒猪肉	90 元	25%	民资
9	梅松服务区（木浦方向）	长兴菌菇排骨汤	90 元	45%	民资
10	梅松服务区（木浦方向）	海鲜奶油汉堡意面	90 元	50%	民资

资料来源：韩国道路公社，2018 年 10 月。

对服务区的经营者来说，重要的并不是人们来到服务区。他们不应该任凭人们从洗手间出来后就离开，而是应该安排一些令人触手可及、耳目一新的活动，以此引导人们进行消费。韩国社交软件 Kakao Talk 推出的 Kakao Friends 旗舰店就有"约会圣地"的美誉，店内专门售卖 Kakao

Friends 周边产品。旗舰店的目的是获得实际的收益，如果人们光顾"约会圣地"只是游玩而不消费，旗舰店就失去了存在的必要。同样，如果人们到服务区的主要目的不是吃饭、购买零食，而只是为了使用洗手间，那么"如何让这部分人在使用服务区便利设施的同时，在服务区内进行消费"这个问题就显得十分重要。

针对这一点，服务区经营者也采取了相应的策略。他们对人们经常光顾的地点——洗手间进行了改造，在去洗手间的必经路口摆上了食物，以此激发人们的购买欲望。洗手间通常位于休息室内，因此，人们去往洗手间时，会不可避免地路过这些食品售卖柜台。更重要的是，这些柜台售卖的食物价格不算特别高，基本都在 18 元 ~ 30 元区间内。为什么这些食物感觉上并不贵呢？这是因为经营者设置了助推，让其他商品更高的价格成为消费者的消费之"锚"，也就是消费的基准价格。

锚定效应，也称"沉锚效应"，指的是人们被谈判桌上第一次提出的条件所支配，难以摆脱其影响的现象。在经济学中，也指第一信息先入为主，影响消费者的购买决策。让我们假设，你在通往洗手间的路边看到了这样的招牌：

A: 辣炒猪肉 90 元

B: 旋风土豆片 18 元

A 会向消费者传递"服务区的消费水平较高"的信号，使得消费者很可能转身离开，然后不惜花更多时间去寻找其他用餐场所。但是，人们看到 B 时，又会立刻产生"这里的价格并没有想象中那么贵"的想法。于是，作为第一信息的基准价格被自然而然地降低为"18 元"。这样一来，人们就会在心里盘算"从洗手间出来后，一定要去那里买一份吃的"。就这样，消费者在无人干预的情况下做出了消费决定——这一切仅仅是因为他们看到了"18 元"这一价格。

我们还会发现一种情况，那就是，大多数服务区内的咖啡店通常位于距离洗手间最远的地方。为什么要将咖啡店与洗手间分隔开呢？这种安排也与锚定效应密切相关。当我们为买咖啡来到服务区时，我们的"锚"是连锁咖啡店的平均价位。也就是说，与先前所述情况不同，人们在准备购买咖啡时，心里已经有"锚"了。

一杯美式咖啡的价格：30 元

一份零食的价格：21 元

在已经有平均价位作为基准的情况下，人们不会一走了之，而是倾向于以零食价格比咖啡价格便宜为由，在购买咖啡时捎带买一份零食。当然，大多数人会声称"只喝咖啡会导致肠胃不适"，为购买零食的行为找一个合理的借口。但是，真正让我们心甘情愿掏出钱包的，是比咖啡价格，也就是价格之"锚"（30 元）更便宜的零食价格（21元）。经营者正是基于这一点，把咖啡店与洗手间远远地分开，好在此路途中安排助推，使人们更禁不住诱惑。

在现实生活中，助推的大部分应用实例都与人们的移动路线有关。**想要实现同一产品在同一地点的最大销量，需要做的不是进行广泛宣传，而是尽可能地引导来到店里的人们进行消费。**因此，许多商家已经察觉到人们非理性的消费行为，并将这一点融入了顾客的移动路线中。就连我们随意闲逛的路线，也是商家充分利用大数据和行为经济学、心理学理论进行设计的。人们大概不知道，他们走过的每一步，背后都凝结着商家多么透彻的研究。当然，你可能会产生疑问："我们有必要知道吗？"如果你能理解经营者或商家的思维，那么在未来进行消费时，你就可以做出更聪明的决策。

菜单背后的心理战

我和女朋友一咬牙，走进了一家家庭餐厅①。高档的橡木餐桌、悠扬的爵士乐……餐厅的氛围温馨而舒适，但我们却无心享受。我们急不可耐地翻开菜单，准备点菜。浏览完四页的菜单，我们决定吃里脊牛排套餐。这时，女朋友发现菜单第一页与第二页的菜品竟比后两页的价格足足高出上千元。她转头问我："这么贵的东西真的会有人吃吗？"

如果你经常去餐厅用餐，请仔细观察一下它们的菜单。很多高档餐厅里，价格最贵的菜至少有 500 元，有的菜甚至上千元，有的餐厅还会将店内最贵的葡萄酒放在菜单最前面、最醒目的位置。这些鲜有人问津的餐品为什么会被

---

① 适合一家人聚餐的休闲式餐厅。——译者注

安排在菜单最靠前的位置呢？

家庭餐厅的消费群体可以分为以下三类：第一类是咬牙决定大吃一顿的家庭，第二类是想要在很有情调的餐厅约会的情侣，第三类是来参加朋友聚会的人。虽然消费者来自不同的客层，但他们都是冲着餐厅专业的服务、高品质的食物而来的。虽然人均消费较高，但消费带来的满足感也是无可比拟的。如果高消费无法带来充分的满足，人们就会毫不留情地寻找其他替代品，比如，另一家氛围同样很好但价格更低的餐厅。于是，家庭餐厅开始面临危机。它们已经不同于往日那般高不可攀，不再是人们庆祝特别日子时的唯一选择。

该如何化解这个难题呢？餐厅的经营者十分苦恼。应该将价格下调吗？还是维持当前价格不变，转而提升服务质量？经过苦苦思索，经营者最终决定，将原价500多元的牛排降价至每份100多元；同时撤掉了以往的高档服务，服务生只需要协助客人点菜、为客人上菜即可。

经过大幅度调整，家庭餐厅"脱胎换骨"，但是，其以往"价格虚高""实际的性价比不怎么样"的形象已经在顾客心目中根深蒂固，想要改变这些看法并不容易。因此，大幅度下调价格的做法只取得了一时的效果。说到性价比，家庭餐厅与其他餐厅相比仍有不足。

为了吸引更多人前来消费，家庭餐厅开始发放优惠券。在经营者看来，只要降低消费门槛，人们总会光顾。从某种程度上说，发放优惠券确实是一种行之有效的办法，人们通常会在优惠券有效期内前来消费。但是，优惠券也逐渐显现出致命的局限性。那些没有拿到优惠券的人仍然需要按原价付款，消费负担并未减轻；电子优惠券也没有完全改变人们对家庭餐厅的看法。而且，由于持续发放优惠券，餐厅的营业额反而有所下降。由于餐厅不可能永远发放优惠券，这种方法没有取得预期的效果。经营者再次陷入了苦恼。怎样才能让那些用不了优惠券的人认为来这里吃饭是合理消费呢？

经营者意识到，发放优惠券对于维持销售额只有一时的效果，于是，他们将目光转向了菜单。他们发现，最先吸引顾客注意力的并不是服务生礼貌的问候，而是菜单。基于这一点，经营者对菜单进行了"相对性"调整。他们将人们经常点的、受欢迎的菜品放在菜单最后，将无人问津的菜品安排在菜单靠前的位置，这样一来，靠后的菜品就会显得比较实惠。这种安排可以引导人们对各式菜品进行比较和衡量。顾客可以从新菜单中选出自认为实惠的菜品，结账时再将先前收到的优惠券进行兑现，最终获得更多的满足感。

现实就是这样：当你来到餐厅，翻开菜单准备点餐时，你会发现，菜单第一页展示的都是500元~1000元的高档菜品，菜单第二页展示的则是250元~500元的双人套餐或高人气菜品。

其实，餐厅对卖出第一页的高档菜品并不抱期待。如果顾客点了第一页的菜品，餐厅当然十分乐意。不过，餐厅实际上希望的是，顾客将第一页与第二页的菜品价格进行对比后，认为第二页的菜品"更实惠"。如果你浏览过价值899元的牛排，然后又看到另一款239元的牛排，你难道不会认为后者更实惠，消费后者更合理吗？我们为什么会产生这种错觉呢？其实，这种错觉与前面说的锚定效应有着千丝万缕的联系。菜单上价格昂贵的菜品，其实是商家抛出的一个"锚"，当消费者以"锚"为参照物去衡量239元的菜品时，就会觉得后者没那么贵。

A:899元/239元

B:59 元 /239 元

A 与 B 中都有一个菜品价格为 239 元，但是，因为"锚"的不同，也就是基准价格的不同，我们对 239 元高低与否的判断也就天差地别。在 A 所示的情况中，239 元看起来更实惠一些；在 B 所列举的价格里，239 元则相对贵一些。明明是同样的价格，我们却会对其产生完全不同的判断；若问其中缘由，那就是在 A、B 两套价格中，我们是以位置在前的价格为基准，对位置在后的 239 元进行判断的。这种助推不仅在餐厅菜单中应用广泛，在我们的生活中也十分常见。

事实上，看似实惠的东西未必真的实惠。我们每天都会遇到数不清的优惠广告、优惠活动以及各式各样的推销。或许在某个瞬间，我们会对某款相对实惠的商品产生兴趣，在衡量过性价比后，就想把它买下来。但是，你要知道，大多数商品只是看起来划算，实际上并不便宜。建议你在消费时仔细思考一下，毕竟你辛苦赚来的钱是十分有限的。如果你挥霍着自己有限的收入，却误以为自己买得十分划算，那么久而久之，你就会过度消费，入不敷出。我不清楚这样做会不会为你带来满足感，但至少你要知道，你的钱包并不好受。

我们需要了解真相，那就是我们其实是被"相对性"蒙蔽了，在其驱使下进行了过度消费，而且还没意识到这样做的严重性。

自利性偏差：人人都有"谜之自信"

无法速成的"速成课"

"只需四周，就能取得极大进步。"

如果你即将面临语言考试、重要的面试或者适岗性考核，那么你一定在线上或线下看到过几家培训机构的广告，这些培训机构声称能帮助你在几周内突击完所有课程。当考试迫在眉睫时，这些培训机构会提供完备而翔实的授课服务，并以此提高学生对课程的满意程度。这种模式在所有行业都屡见不鲜。

听到"四周速成法"后，我们都会跃跃欲试。但是，我们又有几分把握，能在四周内学完所有课程呢？大部分人是做不到的。对大部分人来说，学完相应的课程，最少需要四周以上，最多需要两年左右。为什么我们无法按照"四周速成法"按时学完所有课程呢？问题在于我们的意志力不够强大，还是因为我们的注意力不够集中？

都不是。我们之所以无法按时学完这些课程，与其说是因为我们意志力薄弱，不如说是因为这些课程本来就无法在四周内学完。换句话说，这种谬误源于我们过分高估自己。四周速成类课程会让人们以为，他们有能力在四周内学会所有的内容。于是，**越是高估自己的消费者，就越容易报名**。培训机构只需要稍加诱导，就能促成消费者报名。那么，我们为什么会做出购买"n周速成"类课程的决定呢？

虽然我们不愿意承认，但我们并没有自己认为的那么优秀。大多数人都以对自己有利的一面来判断客观事物，这种倾向被称作"自利性偏差"。所谓"自利性偏差"，指的是人们眼中的自己比实际的自己更优秀。也就是说，我们眼中自己的能力被无限放大，我们对自己能力的评估超出了他人对我们的评价。迈克尔·舍默（Michael Shermer）在《当经济学遇上生物学和心理学》（*The Mind of the Market*）一书中指出，人们倾向于对自己做出非常高的评价。他进行了一项测试，向被试提出了几个关于自我评价的问题，让他们针对这几个问题为自己打分，结果，被试给自己打出了很高的分数，并认为打分是客观的。

迈克尔·舍默让斯坦福大学的学生将他们与其他人就"热心""自私"等个人品质进行比较，并针对这些品质对自己和他人分别进行打分。与给其他人打出的分数相比，大部分被试给自己的分数更高一些。然后，迈克尔·舍默又向学生们讲述自利性偏差的危害，让学生们重新打分。结果仍有 63% 的学生认为自己给出的分数客观公正，甚至有 13% 的学生辩解说自己给出的分数已经十分谦虚了。另外，美国大学录取委员会对约 83 万名高中生进行的调查结果显示，认为自己"合群能力"跻身前 10% 的学生足足占总人数的 60%，并且没有一个学生认为自己的能力低于平均水平。

美国知名杂志《美国新闻与世界报道》曾在 1997 年针对美国人开展了一项问卷调查，问卷内容是"谁最有可能在死后后升入天堂"。有 52% 的人的答案是美国时任总统比尔·克林顿，有 60% 的人的答案是戴安娜王妃；有 66% 的人认为是脱口秀女王奥普拉·温弗瑞，有 79% 的人认为是特蕾莎修女。令人吃惊的是，有 87% 的人认为是自己。

为什么我们总是无法客观地看待自己？为什么我们会

出现"自利性偏差"的倾向？这是因为，我们会本能地将好的事情都归因于自己，将不好的事归结于他人、偶然性、命运等外因。此外，我们还有这样的倾向：尽可能地记得好事，尽可能地忘掉不好的事。这种倾向是我们会积极、肯定地看待自己的又一原因。

"N周速成"类课程为什么会受到广泛欢迎呢？如前所述，因为很多人都高估了自己。人们经常过分地高估自己，认为自己能按时学完所有的课程。你总想着快速学点什么（可能是因为你时间并不充裕，或是想快速掌握某项技能），于是购买了"四周速成"类书籍或"四周速成"课程。你一定对自己的意志力十分有信心："四周后我一定会掌握这门课程的全部内容，因为我是一个意志力十分强大的人！"

然而实际上，我们很难在N周内学完所有的课程。在学习过程中，我们可能会遇到各种突发事件。我们完全没有考虑过这些风险，这必然导致我们过分地高估自己。最终，本来四周就应该学完的内容，我们足足拖了四个月。更有甚者，课程也不参加，书本也不研读。面对"N周速成"，直接放弃的大有人在。错误的认知就是这样产生的：基于对自己的高估，我们不假思索地购买了它的"快速解决之道"。

其实，就算培训机构传授了"四周速成"的学习方法，他们也根本不指望你在四周内学完所有的课程。因为，你可能忽视了培训机构绝对不会忽视的变数，那就是不确定性。

举个例子，假设你要在三天时间内学习某个课程，课程安排如下：

第一天：课程分析

第二天：课程研究

第三天：制作并提交PPT

假设开课第一天，你手头突然有其他工作要处理，而且优先级更高。于是，你决定将第一天的课程顺延至第二天。开课第三天，你的上司或教授突然改了PPT的主题，已经按照原先的主题完成了PPT的你，只好重做。等到这些事情一一处理完后，时间早就超过了三天。变数很难预测，我们无法得知将有何事降临到自己身上。当然，在做计划之前，我们或许会想到PPT的主题有可能更换，或有其他突发事项要处理，但是，正因为谁也无法确定这样的事究竟会不会发生，所以我们对变数的预测变得更加困难。

你购买的"N周速成"课程前几天的日程安排与以上情况差不多。但是，计划不如变化快，事情总是会出现意想不到的变数。

变数乃是常态，但我们不知道它何时何地会出现，也无法窥测它会带来多大的影响。如果我们对自己的意志力过于乐观，我们做决策的时候，就会忽视变数及其影响。

由于过分高估自己的能力，我们会错误地认为自己能够很好地应对变数。事实上，我们很难像预想的那样按时上完所有的课程。放眼四周，不少人即使明白这些道理，也仍然会高估自己，这是因为，为了快点解决问题，我们都想走捷径。

在购买一个课程前——特别是这个课程需要你制订计划时——请你假设自己能力一般，资质平平。然后，请将各种变数考虑在内。我们必须清楚地知道，报名参加"N周速成"课程并不代表就能解决问题，而严格执行你所制订的计划才是问题的解决之道。

是什么让你过度自信

结束了一天的工作，我的肚子已经饿得咕咕叫。走在回家的路上，一个兼职生往我的手里塞了一张传单。这类传单往往不是健身房的就是培训机构的。我自忖不需要职业辅导，于是将培训机构的传单撂在一边，看起了健身房的传单。"三个月只需720元"的宣传语跃入眼帘时，我忽然想起自己也曾下决心要健身。于是我开始浮想联翩，想象自己也像传单上的猛男一样拥有健硕的肌肉。于是，我给健身房打了电话。

健身房是一个让许多人又爱又恨的地方。为了减肥或健身，很多人都会办上几个月的会员卡，但不知道从某哪一刻开始，就突然不再去健身房了。人们也经常抱怨，本想练出一身结实又好看的肌肉，但只要酒后一小会儿没运动，肚子就又回到了赘肉横生的样子。我们既然决定要健身，又为什么总是三天打鱼、两天晒网，而且反复犯同一个错误呢？是因为我们太懒惰吗？

并不是。你之所以认为自己懒惰，是因为你在向健身房交费时，忽略掉了什么东西。让我们思考一下，健身房为什么会采用定额收费制呢？对消费者来说，定额收费制真的合理吗？

美国斯坦福大学教授布莱恩·克努森（Brian Knutson）和他的研究团队想知道，我们在购物时，我们的大脑内部会有怎样的活动。为此，他们用核磁共振对大脑进行了扫描。结果显示，当我们看到自己喜爱的商品时，大脑中感受快乐的神经中枢会异常活跃，近似我们与爱人在一起时的幸福程度。然而，当我们查看价格，准备购买这件商品时，负责感受苦恼与忧虑的神经中枢就开始活跃，与此同时，我们感受到了压力。而且，越是临近结账，负责感受痛苦的神经中枢就会越活跃，这种痛苦甚至会接近于我们被刀割伤或是被火烧伤时的痛苦。也就是说，花钱会让我们产生巨大的、撕裂般的痛苦。我们在看到商品的一瞬间所感受到的快乐，最终会转变为结账时的痛苦。

商家非常了解消费者的这种心理。他们知道，如果能为消费者减轻这种痛苦，消费者就会进行更多消费。信用卡就是一款为减轻这种痛苦而设计的产品，它简直令人上瘾。信用卡与现金不同，使用信用卡的人没有掏真金白银的感觉。这样一来，人们在结账时心里会好受一些，大脑也会对消费行为逐渐麻木。从钱包里掏钞票的举动会让人心痛，但在刷卡结账后，信用卡仍然会回到消费者手中，这使得消费者心理上的"丧失感"减轻了许多。信用卡的延期付款功能，更是让消费者"欲罢不能"。不过，消费带来的痛苦不会因为延迟付款时间而消失，它迟早还是会降临。

为了让消费者忘记痛苦，商家找出了造成痛苦的关键因素，并相应地制定了几种购买方案。这些方案大致可以分为以下三种：

分期付款

分期付款是将一定的费用分为多次交齐。消费者收到商品后，再将应付的费用在较长时间内分为多次结清。由于分期付款是刷卡的，而且每个月需要偿还的金额很小，这种方式大大减轻了人们的痛苦。

定额收费制

定额收费制就是将数天的费用合并在一起，统一进行收费。这种方式有效地减轻了人们的痛苦。而且，比起总价格（等于每天应付的费用乘以相应的天数），商家会将定额收费制的价格定得更便宜，以此引导人们选择此种消费方式，使消费者长期光顾商店并进行消费。

负存折[①]

负存折是银行推出的一款信贷产品，正式名称是"限额贷款存折"。银行会预先为活期存折设置一个最大贷款额度，只要不透支这个额度，用户就可以在有需要时随时从存折中贷款。除了现场办理，用户现在还可以通过手机银行等平台"云端"申请开通负存折。普通信贷产品的利息针对的是最大透支额度，但负存折不同，负存折的利息只针对已贷出的金额，也就是说，用户不需要偿还全部透支额度的利息。因此，负存折正在成为一种趋势，为越来越多的人所接受。

像这样，让消费者将费用一次性付完，既能为他们减轻痛苦，还能引导他们进行更多的消费。将天数收费制与定额收费制进行比较后，人们会选择哪一种呢？怎样才能让人们选择定额收费制呢？下面的选项分别是每次进行交

---

① 韩国特有的一种信贷产品，使用方式如下文所述。——译者注

费的计次制和一次性付款的定额制。人们需要从 A 与 B 中选择一种消费方案。

情景一：

A: 每天的费用是 6 元，期限 1 个月

B: 每月的费用是 180 元，期限 1 个月

当我们将这两种选择摆在人们面前时，出现了这样的结果：

A: 每天的费用是 6 元，期限 1 个月（48 人）

B: 每月的费用是 180 元，期限 1 个月（2 人）

大部分人选择的不是 B，而是 A，这是因为：两者的总费用是相同的，都是 180 元；人们意识到自己不可能每天都去健身房，也就是说，在费用相同的情况下，人们倾向于将可能的变数考虑在内。不过，在下面的情况中，人们做出的选择正好相反。

情景二：

A: 每天的费用是 6 元，期限 1 个月

B: 每月的费用是 120 元，期限 1 个月

当我们将以上两种选择重新摆在人们面前时，出现了与先前完全相反的结果。

A: 每天的费用是 6 元，期限 1 个月（16 人）

B: 每月的费用是 120 元，期限 1 个月（34 人）

我们看到，在情景二中，超过半数的人选择了 B。人们之所以选择 B，主要是因为，同样是 30 天，定额制的费用更便宜，而在这种情况下，更多的人会默认自己每天或一个月中至少有 20 天会去健身房。当人们基于这一点做选择时，定额收费制显然更划算。

在情景一中，如果我们在一个月内每天都去健身房，那么无论是选择 A 还是选择 B，费用都是 180 元。但是，人们心里很清楚，他们很难做到每天都去健身房，所以几乎没有人会一次性支付一个月的费用。因此，考虑到变数，

人们倾向于选择 A。然而，一旦定额制费用由 180 元降至 120 元，人们就不会再在意无法每天都去健身房的事实，而是盘算着：如果每天都去，自己就会省下 60 元；或者，哪怕 30 天中有 10 天没去，自己也不吃亏。

也就是说，当定额制的费用更低时，我们就会头脑简单地选择定额制，将变数的影响置之脑后。并且，在定额制的影响下，我们会错误地认为自己能坚持每天去健身房。通过这个案例，我们可以得知，消费者的选择会随着价格的变化发生变化；价格越低，消费者的认知就越"非理性"，消费者过分高估自己的倾向就会越明显。

比如在情景二中，当你选择 B 时，你并没有将一些变数考虑在内，诸如你可能因为一些事情中途放弃健身，或是因为受伤而无法继续锻炼。在这些变数的影响下，你实际去健身房的次数可能并没有你预想的那样多。

乍看上去，定额制是在向消费者让利。因为与日结相比，这种收费方式显然更有效率，而且费用低了很多。但实际情况可能是，消费者并没有享受到定额制带来的让利。最终，你在自利性偏差的影响下按照定额制方式支付了费用。然而，在你一个月只去 5 天的情况下，定额制反倒不如"去一天交一天钱"的方式更划算。

　　总而言之，定额制是健身房的一种营销助推。虽然定额制的费用看起来十分合理，但它其实是利用了消费者贪便宜的心理，以此来引导消费者选择定额制，确保健身房的会员人数与收入。

　　定额制给我们的教训再简单不过：在做出消费选择时，切勿自命不凡，高估自己的能力，而是应该考虑到变数，从实际出发。此时此刻，想必许多办了会员卡，却一次都没去过健身房的人在默默后悔："我根本不去健身房，但为什么还是办了卡？是因为我的意志力太薄弱吗？"你要知道，你之所以这样做，并不是因为你意志力薄弱，你只是在"定额制"这个助推的影响下无法进行理性思考。

选择悖论：选项越多，选择越困难

特别推荐："选择困难症"的克星

走在回家的路上，我突然想起自己需要买点化妆品。香水已经用得不剩多少了，而且最近手有点干燥，得买点护手霜才行。于是，我停下脚步，转身朝化妆品店走去。

我平时不怎么关注化妆品。我以前收到过一瓶香水（这里称作香水 a），心里很是喜欢，从那以后我就一直用这款香水。与之前一样，这次我仍然打算买这款香水。然而，摆在店门口的"推荐商品"（这里称作香水 b）却让我完全挪不开眼。那款香水颇有些复古风，它的外观如同一个编织的箩筐，给人一种柔软、温和的感觉。在目光触及那款香水的刹那，我就开始想象它摆在我书桌上的样子了。于是，我有了如下想法：这次不如买香水 b 试试？最终，我如愿将它买下。至于我原来打算购买的香水 a，早已被我置之脑后。

我们在门店里经常能看到这种"推荐商品"。虽然不知道推荐这些商品的人是谁，但我们都默认，它们一定是得到认可的好物。不过，值得我们注意的是，推荐商品基本都被摆放在靠近门店入口的地方。这样做的理由是什么呢？这种方式是如何做到让消费者愿意为之掏腰包的？

如果你正在寻找某种东西，那么，可供你选择的东西是越多越好，还是越少越好呢？对于这个问题，最具有说服力的答案来自著名的果酱实验。这个实验向我们表明，在面临不同的选择时，人们会显示出怎样不同的倾向。

美国史瓦兹摩尔学院心理学系教授巴里·施瓦茨（Barry Schwartz）曾就此设计并进行了一项十分经典的实验。他将被试带到商场，商场中有两个果酱摊，其中一个摆放了 6 种果酱，另一个摆放了 24 种果酱。他让两组被试随机购买。实验结果显示，有更多的人来到摆出 24 种果酱的摊子进行选购。然而令人吃惊的是，摆出 6 种果酱的摊子售出的果酱更多。施瓦茨教授认为，前者说明，当选择范围过大（24 种大于 6 种）时，消费者会无所适从，无法做出最终的选择。最后，这种无所适从的感受会使消费者逃离这种选择困境。实际上，当促销台上摆出6种果酱时，前来选购的人有30%的人会选择购买。摆出24种果酱时，选购的人只有3%的人会下单。但是，对摆放着24种果酱的促销台产生兴趣的消费者比只摆放6种果酱的情况要多出60%。这种现象被称为"选择的悖论"。

所谓"选择的悖论"，指的是人们的选择范围越大，做出不明智的决定的可能性也越大，人们越会感到不满意。一般来说，我们很容易以为，消费者的选择范围越大，他们就会越满意。因为选择范围大意味着消费者可以从足够多的选项中进行挑选。但是，实际销售情况与这种设想完全相反。当多种选项被置于消费者面前时，消费者更难做出决策。这样一来，消费者的最终选择往往与最正确的选择失之交臂。而且，就算消费者选择的商品确实是最正确的选择，他们也会因为考虑是否有更好的选择而感到焦虑。因此，我们不能认为扩大选择范围就一定会让消费者感到更满意。

但是，缩小选择范围也不总是有利的。这是因为，随着情况的变化，有时扩大选择范围确实可以提升人们的满

意度。下文分别列举了需要扩大选择范围与需要缩小选择
范围的两种不同情况：

搜寻信息时：选择范围越大越好

首先声明，在这种情况下，人们不需要做出选择。如
果人们仅仅是搜寻信息或调查某事，那么搜寻信息的范围
越大，人们越会感到满意。这是因为，当你迟迟决定不了
该买哪款商品时，你会转向那些与各种商品体验有关的信
息。也就是说，只要不涉及最终决定，消费者的选择范围
越大，他们就会越满意。这会让他们在购物时觉得，自己
的消费选择是十分合理的。因此，考虑到这部分热衷"探货"
的人，大部分门店都会将商品种类安排得丰富一些。

在选定方案时：选择范围越小越好

人们为了解决某个问题而选择应对方案时，选择范围
小一些反而更好。一个问题的解决有着许多标准，如果应
对方案有多种选择，人们就很难选出一个符合标准的方案，
也会因此背负很大的压力。并且，从果酱实验的结论来看，
选择范围较小可能会促使人们更快做出决定。

准确地说，选择是一个艰难的过程，制定一种让商家和顾客都感到满意的策略并不容易。商家和顾客的立场有什么差异呢？商家只有增加店内的商品种类，才能吸引消费者走进店里或点击进入商家页面，进而选择合适的商品。另外，如果可选品种很多，就能让消费者更愿意自行挑选。因为选择范围很广，消费者会认为，自己用心挑选后做出的购买决定，一定是十分理性的。

消费者的立场与商家不同。他们在从一众商品中挑选适合自己的商品时，当然需要搜寻商品相关的信息；但是，越接近最终决定的时刻，他们越是希望选择范围尽可能地缩小。对消费者来说，消费不仅仅是购买商品，更是满足自己的需要的过程。因此，在消费过程中，最不应该存在的就是压力。如果选择范围变大让消费者感受到了压力，那么他们很可能会放弃消费。

由于商家和消费者立场不同，二者之间的矛盾也不可避免。商家为此感到十分苦恼：应该减少商品的种类吗？还是应该保持现状，继续激发消费者的压力呢？撤掉一部分商品，确实可以减轻消费者的选择压力，但事实上，这与商家的盈利目标相悖；而且，如果可选范围缩小，消费者也会对自己的选择产生怀疑。反之，如果保持现状不变，消费者就会产生不满，甚至放弃做出购买决定。在进退两难的情况下，为了让商家和消费者都感到满意，商家会将消费者经常购买的商品进行整理，于是"推荐商品"就出现了。

所谓"推荐"，指的是其他人觉得某款商品或某项服务很不错，而且也很适合你，所以介绍给你使用。如果他人向你推荐了某款商品，你的关注点自然而然就会转向这款推荐商品，仿佛他人已经替你完成了选择。这样一来，消费者的满意度会大大提升，这款商品的销量也会有所增加。可以说，推荐本身就是由别人替我们做选择。正因如此，消费者在消费过程中的压力得以减轻，可以更加轻松地进行购物。也就是说，"推荐商品"的出现为顾客省略了"搜寻"环节，商家可以直接引导顾客进行消费，同时不需要重新布置门店。对商家来说，这是一种两全其美的方法。

虽然"推荐商品"能让顾客和商家都称心如意，但要想更好地发挥"推荐商品"的效果，还需要一个推动顾客购买推荐商品的助推。商家的办法是，将推荐商品摆放在十分显眼的地方，或是用某种方法在货架上突显出来。将推荐商品放在门店口就是一种能显著减少顾客搜寻时间的助推。如果推荐商品近在眼前，消费者就不需要逛遍整个店来找寻适合自己的商品，可以在更短的时间内做出购买决定，最重要的是，这会将消费者从选择的痛苦中解放出来。

归根到底，"推荐商品"是一种助推，能让消费者在更短的时间内完成消费。商家只需要根据消费者的标准，选出推荐商品即可。而消费者认为，自己购买他人推荐的商品就可以，不需要花力气进一步挑选。

需要注意的是，我们一般会理所当然地认为，别人推荐的东西就是好的。然而，那不过是商家的套路，是为了引导你购买那款商品所设计的助推。当然，在推荐商品中，确实有许多好物，但是，这些好物不一定适合你。因此，当你看到推荐商品时，切勿不假思索地购买，而是应该以自己的标准对其重新进行衡量。这样，我们的消费才会更理性。

信息爆炸与认知惰性

上班族的午饭时间看似充裕，实则不然。让我们设想一种情景。此刻我正忙着准备下午 2 点那场很重要的会议，没有太多时间吃饭。因此，我决定点个外卖，简单解决一下午饭。我正在搜索哪家餐厅的饭比较好吃时，一张写着某家餐厅新开业的小广告映入眼帘。好的，那就这家吧。就这样，在其他同事都取到外卖后，我给这家外卖餐厅打了电话。

我们经常会看到贴在办公桌前的外卖小广告。虽然不知道是谁贴的，但是，如果我们在纠结吃什么时看到了它们，我们往往会从相应的餐厅点外卖。我们为什么会从众多的外卖餐厅中选择视线内小广告上展示的这一家呢？这其实是一个助推，它利用了你对选择感到心烦或厌恶的心理。接下来，让我们一起了解一下，外卖小广告是如何利用人们对选择的厌烦心理来引导人们点餐的。

选择往往伴随着巨大的压力，这是事实。人们在做出选择的瞬间，内心还难以与其他未被选择的事物割舍；在做出选择之前，人们也会不停地担心机会成本。有时候，人们既想做这个，又想做那个，然而，两全其美只存在于人们的想象之中。由于时间和物质方面的原因，我们的愿望不可能都得到满足，我们只好站到二选一的岔路口。

首先，如前所述，选择范围小不一定是坏事。因为我们可以对各个选项进行多方面的考量。譬如，一家餐厅有米饭与拉面可供选择，而另一家餐厅有拉面、米饭和炸猪排等多种食物，你会选择哪一家餐厅呢？我猜，你大概会选择后者，也就是那家餐品种类更丰富的餐厅。但是，如果将选择范围与顾客的购买行为联系起来看，那么只供应米饭和拉面的餐厅的购买率更高。这是因为，选择范围越小，机会成本就越清楚。

举个例子，对前者来说，如果我们选择米饭，那么显而易见，"不能吃拉面"就是它的机会成本。要么选择米饭，要么选择拉面，像这样区分很明确，人们就不会觉得机会成本很高。但是，要从多种餐品中选出一种，机会成本就有些模糊不清：究竟是"不能吃除了所选食物外的其他所有食物"，还是"放弃了剩余其他食物中价格最高的那一种"？当人们难以从二者中敲定一种时，就会认为机会成本很高。总而言之，如果选择范围扩大，人们就需要更理性地思考所选项目之外的其他选项，这会让人们感到痛苦。

不过，选择范围的大小并不是影响选择的决定性因素，选择标准的明确与否才是。让我们举例说明。

在下列情境中，我们需要二选一。

A: 选择标准：无

韩式炸酱面更好吃的饭店甲 VS 韩式辣海鲜面更好吃的饭店乙

B: 选择标准：韩式辣海鲜面

韩式炸酱面更好吃的饭店甲 VS 韩式辣海鲜面更好吃的饭店乙

在上述两种情境中，我们要在饭店甲与饭店乙之间选择一家。在情境 A 中，虽然同样是二选一，但我们对于选择哪家饭店并没有强烈的倾向，因此在选择的过程中会感受到痛苦。这种痛苦源于缺乏明确的选择方向。

相反，在情境 B 中，由于选择标准十分明确，我们可以推断出，人们会倾向于选择 B。人们会认为，比起饭店甲，喜欢吃韩式辣海鲜面的人更愿意去饭店乙。最终，选择标准的设定可以减轻选择带来的压力，还会极大地影响最终决策的质量。

像这样，制定一个选择标准有助于我们快速做出选择。为了减轻选择带给消费者的痛苦，同时将消费者引导至商家希望的方向进行消费，商家制定了特定的标准。让我们通过几个案例来了解一下，商家是如何通过特定的标准来引导消费者进行消费的。

周末干什么：韩国的 ZUMO App

ZUMO 是一款帮助人们安排周末时光的 App。ZUMO面向那些在周末不知道该如何制订约会计划或规划旅行路线的人，根据相应的主题，为他们推荐各种吃喝玩乐的场所，帮助他们进行活动预约和行程预约。如果你需要安排约会，而且没有选择标准，也没有明确的方向，那么平台会向你推荐各种特定标准，帮助你做选择。如果亮点差不多，那么人们基本都会选择去平台推荐的地点，或参加平台推荐的活动。

韩国"外卖的民族"App 促销

"外卖的民族"这款 App，每周或每月都会有某款餐品或某类餐品全部打折。"外卖的民族"促销活动的独特之处不仅是有趣的推销语，还在于它能说服那些不知道该吃什么的人们，帮助他们进行选择，引导他们在"外卖的民族"App 平台上进行消费。

　　由此可知，平台在针对你进行策展（curating），也就是搜集、整理你需要的各种信息，并分享给你。所谓策展，就是将许多彼此类似但不尽相同的内容按照同一个主题集结起来，并赋予它们特别的意义。这原本是一个艺术概念，后来在营销与流通等领域得以引申，变得更加全面、立体。一旦设立了某一特定标准，策展就会将彼此不同的内容通通呈现给你。以"韩国新沙洞约会路线"为例，平台会显示所有与"韩国新沙洞约会路线"有关的美食餐厅、咖啡厅、购物场所等满足约会需求的地点。

　　平台为什么要对你进行策展呢？是为了在你因为选择范围过大或没有选择标准而苦恼时，向你提供一定的消费标准，引导你按照这个标准进行消费。假设你决定从平台推荐的"韩国新沙洞约会路线"中选出一种方案，然后通过平台预约约会路线所包含的活动项目。你为什么会从这么多的方案里选择这种方案呢？那些不包含活动项目的约会路线不是更合理、更实用吗？其实，你这样做，是为了逃避选择的痛苦。比起你自己去查询更实用的约会行程，直接选择由他人策展、呈现在你眼前的路线更让你感到舒适。说到底，平台并不是为了向你提供帮助，这是一种助推，能够引导你按照平台的意愿去安排自己的行程。

让我们回到本节开头的情境：现在是午饭时间，而我需要在众多餐厅中做出选择。为了吃到一顿满意的午餐，我向其他人打听每家餐厅的配送速度与口味，然后将别人的评价与餐厅位置进行综合分析，力求从中找出一个最佳选择。然而，仅以"可送外卖"为挑选标准实在过于抽象，选择起来并不容易。

首先，如果挨个打电话给公司附近的餐厅，询问它们是否提供外送服务，显然要花大量时间，而且会占用很多精力，造成其他方面的压力。而且，为了避免"踩雷"，我们在点外卖时会对菜品口碑进行一番小小的调查。但是，由于每个人的口味不尽相同，我很难得到一个客观、确切的回答。

在这种时候，外卖小广告的出现犹如"雪中送炭"。外卖小广告似乎在提醒你：匆忙的午饭时间里，哪家餐厅可以提供外卖服务。对于餐厅，我们本应精挑细选，但为了省时省力，我们一看到"可送外卖"的餐厅小广告，就会直接打电话订购。所以，餐厅会想方设法在公司里张贴小广告，不管你的公司是否乐意。

虽然只要在互联网上查询一下，我们就能很快找到我们需要的信息，而且要多少有多少，但是，相较于逐一考察每个选项的利弊，我们在做选择时，更多的是根据别人的推荐来做判断。当今时代，我们可以享受到信息带来的诸多便利——就算你原地不动，也会有无穷无尽的信息找上门来。如果我们能对这些信息多加利用，那当然最好；但是，我们也为之感到忧虑——这份便利会干扰我们做重要的决策。所以，我们在做选择时，要尽量坚持自己的标准，不管这标准是什么。

现状偏差：既来之，则安之？

我正在网上闲逛，突然看到一个音乐流媒体网站打出的"首月免费"的广告。恰好我不久前换了一部新手机，对目前正在用的音乐流媒体网站的服务很不满，于是，我满怀欣喜地领取了这个网站"首月免费"的福利。

我们在上网的过程中会发现，"免费听歌"的活动相当常见。这类优惠活动的内容通常为：给予1至2个月的免费体验权限，体验期满后，则自动按照该项服务的原价续费。当然，在音乐资源网站上，与此活动相关的内容不是很多。不过，既然此类活动已经发布了公告，而且对想订阅音乐流媒体服务的人来说，这种优惠制度相当不错，那么，我们就有可能参与这类活动，并在免费期限结束后，成为定期付费用户。

美国知名流媒体公司网飞（Netflix）会为每一位新注册

的用户免费提供一个月的会员服务，甚至用户可以中途取消这项服务，不需要任何手续费。尽管如此，正在享受服务的人们并没有表现出"非取消不可"的态度。下面让我们一起了解一下其中缘由。

所谓"流媒体"，是指一种能够从互联网上持续传输数据，从而实现影音文件实时播放的一种技术。这种技术操作简单，占用的内存比正常下载的影音文件小得多，所以深受消费者喜爱。从前，我们想要听音乐或看视频时，需要通过下载的方式来购买音乐或视频资源。在流媒体的市场规模扩大之前，我们一直使用唱片、磁带、MD播放器、MP3播放器等音乐载体来听音乐，因为我们能用它们来"收藏"音乐。随着时间的推移，潮流开始由下载，也就是收藏，转向使用。一度泛滥的盗版音乐市场陷入消沉后，抱着"不就花几十块钱"的想法，人们开始通过付费方式来实现无限制地听音乐、下载音乐的自由。

我们在使用手机时，会不可避免地打开音乐流媒体软件。虽然这种现象并没有出现很久，但很明显，音乐流媒体率先向我们提供了新式的付费服务。与视频不同，音乐最先在智能手机市场中开辟了属于自己的流媒体领域。只要戴上耳机，我们就能随时随地打开音乐播放器，享受音乐——这一特点使得音乐流媒体颇受好评。而且，音乐流媒体还积极推行"付费享无限特权"的制度，这一做法也博得了相当多用户的好感。音乐流媒体服务商之所以说"无限"，是为了在面向注重性价比的用户时，充分展现自己的价值。例如，假设我每个月能听1000首歌，音乐流媒体每个月的会员费大约为45元左右，而下载一首歌需要4元。如果把所有听过的歌都下载到手机上，那么一个人一个月大约需要4000元左右；如果采取流媒体的方式，也就是边听边下载，那么只需要花费45元。也就是说，听的歌曲越多，付费服务的性价比就越高。

如今的音乐流媒体市场就像10多年前互相争夺订阅客户的报社一样，其竞争的激烈程度超乎我们的想象。不同的是，我们可以同时订阅多家报社的报纸，但大多数人只会购买一项音乐流媒体服务。这是因为，人们一旦决定购买一项服务，就会变得十分"专一"。

该怎样筛选目标用户，才能使产品与服务的宣传取得显著成效呢？最初，平台遵循传统的营销方式，根据不同的年龄段"对症下药"。例如，10岁~39岁人群属于经常听歌的人群，他们都喜欢分享音乐。但是，这种划分用户的办法最终失败了。因为随着智能手机的普及，听歌已经成为一种超越年龄界限的爱好。10多岁的年轻人也会喜欢听20世纪八九十年代的老歌，而60多岁的老人也喜欢年轻人爱听的音乐。像这样，随着各个群体爱好的音乐相互融合，将人们按照年龄段划分就失去了意义。

经历过第一次失败后，平台开始了第二次尝试。这一次，他们调查了用户的听歌数量，然后专门向那些听歌数量较高的用户推荐产品与服务。这种方法带来了更大的失败。因为经常听歌的人很多，所以平台找不到用于区分这些用户的特征与标准。而且，平台希望在推荐此类优惠制度时，对用户群体进行分析，然而最终并未成功。在经历过几次试错后，平台终于确定了两类用户。

一类是打算尝试音乐流媒体服务的新用户。这类用户一直以来通过油管（YouTube）或下载的方式听音乐，但每次想听新歌时，他们就必须忍受下载音乐的不便。而且由于一直购买油管的付费视频，他们对接连不断的广告产生了厌倦感。出于这种情况而打算购买音乐流媒体付费服务的人，就是平台"瞄准狙击"的主要用户。

另一类是不满现有的音乐流媒体服务的价格或服务质量，想要更换服务的人。如果某些服务商的歌曲更新慢、价格过高或者平台不经常升级的情况一直持续，人们就会想寻找替代品。

平台注意到，一般来讲，只要没有特殊的变故，人们对于常订的报纸，都会一直订下去。如果没有特别的好处驱使，人们就不太想做出改变。像这样，人们想要维持现状的倾向被称为"现状偏差"。现状偏差是一种政治现象和社会现象，我们在消费行为中也经常看到。通过下面的案例，我们可以感受到自己的现状偏差倾向有多么明显。

你想换一家美发店，四处打听后，你筛选出了下面两家（如 B、C 所示）：

A: 之前的美发店：60 元

B: 美发店 1：48 元

C: 美发店 2：54 元

在以上三种选择中，A 代表维持现状，也就是继续去经常光顾的美发店；B、C 则代表选择新的美发店。在一款匿名问答 App 中，我们就以上三个选项，向 50 个人进行了调查。结果如下：

A：之前的美发店：60 元（45 人）

B：美发店 1：48 元（5 人）

C：美发店 2：54 元（0 人）

如果放弃经常光顾的美发店，我们就得寻找新的美发店，而在这个过程中会产生一定的时间成本和花销。而且，万一新的美发店做不了你想要的发型，你该怎么办呢？因此，人们在尝试新的美发店时，既会考虑价格，也会综合考虑风险与花销。消费者需要考虑的情况越多、越复杂，就越觉得没有必要做出改变。相反，让我们假设一下，美发店 2 额外提供头部按摩服务。

A：之前的美发店（理发）：60 元

B：美发店 1（理发）：48 元

C：美发店 2（理发＋头部按摩）：54 元

在这种情况下，人们的选择出现了与之前不同的结果：

A: 之前的美发店（理发）：60元（4人）

B: 美发店1（理发）：48元（10人）

C: 美发店2（理发＋头部按摩）：54元（36人）

结果显示，美发店2增加头部按摩服务后，人们的选择就会发生变化。人们将A与C、B与C分别进行了比较，虽然A选项是经常光顾的美发店，但是，最后仅有4人选择了A，这与先前的45人形成了巨大反差。不仅如此，虽然美发店1的价格是3家理发店中最便宜的，但美发店2却是选择人数最多的那一个。由此我们得知，虽然人们都存在现状偏差的倾向，但面对激励更大的选择时，现状偏差会发生动摇，人们会意识到自己应当做出改变。也就是说，只要激励足够大、价格足够低，人们仍会做出改变。如果激励十分诱人，人们就不会过多、过细致地考量这个选项是否合适，而是会冒险尝试从未买过的商品。

即使现状偏差会因为激励的出现而消失，它也会在更换新的服务后再次出现。只要人们对新的服务十分满意，并且没遇到什么大的问题，他们就会允许平台继续从自己的账户里扣费。利用这一点，平台开始向用户提供诱人的奖励，以此引导用户购买服务。

平台采取的方法是，在用户购买服务后的1~3个月内，平台不征收使用费用。这样一来，用户就可以毫无负担地使用服务，而且会在使用的过程中熟悉平台、了解平台。免费期限结束后，服务就会从免费转为付费，而这也是平台的目的所在。也就是说，平台延迟了对服务进行收费，原本付费的服务也可以免费试用。乍一看，这种促销方式为用户带来了很大的优惠，可以让用户觉得"反正都要买，不如先免费试用3个月再决定"，从而让用户拥有更多选择的自由，为用户减轻经济负担。但是，正如前面所述，我们一旦购买了某项服务，就基本不愿意再更换其他服务；这种方法正是巧妙地抓住了消费者"现状偏差"的心理机制，并以此来引导用户消费的一种助推。

总之，平台会以"巨额优惠"为诱饵，吸引我们使用平台的服务。但是有一点很重要，那就是，与"使用音乐流媒体服务"相反的情况是"不使用任何服务"。请仔细思考一下你购买服务时的定期结算制度。这项服务真的是你需要的吗？或许你以前购买过这项服务，而现在已经不再需要，但是，你出于习惯，还是会继续购买，因为说不定你什么时候会用到。我们可以认真想一想，由于我们疏于察觉而产生的不必要的花销，其实多到超乎我们的想象。

第三章

选择的智慧：
助推是如何影响我们的决策的

第三章

你的决定真的是你的决定吗

　　一听说当季的水果打折，我就去了这家大型综合超市购物。原本打算买完水果就从超市出来，但是看到超市里的商品琳琅满目，这个我也需要，那个我也需要，不知不觉，我的购物手推车已经塞满了各式各样的商品。最终，我的购物金额远多于最初想买的水果的价格。怎么会这样呢？我只是推着购物手推车买我自己认为需要的商品而已……

　　一走进大型综合超市，我们就被悄无声息地施加了魔法。这种魔法会让你看到什么都想买，看到什么都觉得自己很需要。于是，原本不在购物清单之列的物品也会令我们驻足，明明并不想买的物品也让我们无谓地耗费精力——仅仅是因为不想错过优惠的折扣价格，或是为了积攒会员积分。这些潜伏在暗处的诱惑会深入消费者的内心深处，唤起它们的购买欲望。只要还未"逃离"超市，你就会深陷这些隐秘的诱惑中无法自拔，从而盲目地购买各种各样的商品。

大型综合超市的前世今生

20年前，人们买东西的场所主要有三种：商场、农贸市场以及各类专卖店。人们买衣服去商场，买禽蛋肉菜去农贸市场，买家电或电子产品则去相应的专卖店，这种模式在当时的人们看来再正常不过。然而，大型综合超市的出现打破了这种模式，向人们展示了一种全新的形态：它将原本需要分开购买的服装、食品、家电等商品集中在一处进行售卖。这种新的经销模式最初出现时，经销商们普遍持怀疑态度。许多人认为，商场、农贸市场、专卖店"三分天下"的格局已经稳居市场主导地位，所以对大型商场是否会成功提出了质疑。

但是，消费者对这种模式的反应异常热烈。这主要是因为，大型综合超市内的商品比其他地方更便宜。以前在商场花高价才能买到的衣服，在大型综合超市以很低的价格就能买下。大型综合超市内的商品之所以便宜，是因为其人工成本远低于商场。实际上，在过去，大型综合超市的内部装修比较简单，售货员也比商场少，这在一定程度上节省了运营成本，商品价格自然可以很低。于是，大型综合超市的东西卖得更便宜的消息迅速传开，人们纷纷被吸引而来。眼看着顾客多了起来，那些原本并不看好大型综合超市的供货商终于转变了态度，开始纷纷向大型综合超市供货。

我敢说，在 20 年后的今天，大型综合超市构成了韩国最大的商品流通系统，是接待消费者最多的地方。现在韩国全国有 470 多个大型综合超市连锁店，有 69000 人在这些大型综合超市总店及连锁店内工作。商场的销售额是 21 亿 1256 韩元，大型综合超市的销售额是 33 亿 7433 万韩元，后者比前者足足高出 11 亿韩元。

与 20 年前不同，2019 年及以后的大型综合超市不再是商场与市场的挑战者，它已经坐上了最强者的位置。为了巩固自己的地位，大型综合超市构建了多样的流通网络与服务，并持续不断地改变超市的内部结构，从而使消费者拥有更加便利的购物体验。

2014 年，韩国新世界有限公司对大型综合超市进行了升级，打破了线上与线下销售的界限，创建了 "SSG.com" 线上购物平台。它将新世界旗下的新世界百货店、大型综合超市易买得（E-mart）、韩国本土仓储式超市 EMART TRADERS 以及像英国知名化妆品公司博姿（Boots）等的供货渠道全部整合到一个网站上。你在线上购物平台下单后，就可以去新世界百货店内取货，或是通过闪送服务，当日下单当日收货。这样一来，顾客不需要直接去商场，也能随时随地购物，而且在线上平台下单后，很快就能收到。这种服务深受顾客的欢迎。

类似的案例还有韩国最大的书店——教保文库。教保文库正在运营一项名为"马上送达"的服务。如果通过线上平台或移动客户端 App 下单购书，你就可以享受一定的折扣，而且可以自由地选择取货时间和取货地点。"马上送达"服务为人们带来了极大的便利，得到了广泛好评。

通过以上两个案例，我们能感觉到，随着时间的推移，大型综合超市已将线上与线下平台相结合，努力为顾客提供更加便利的服务。随着线上平台与线下实体店之间界限的消失，人们迎来了连接线上与线下的"全渠道"（omnichannel）零售方式。也就是说，消费者可以通过实体渠道、电子商务渠道和移动电子商务渠道等多种途径搜索、购买商品。它正在塑造这样一种消费环境：将各个渠道的特点结合起来，使消费者无论通过哪个渠道购物，都能获得相同的购物体验。通过全渠道方式购物时，消费者不仅可以方便地对比商品价格，还能很快在线下实体店买到在线上选定的商品。另外，线下实体店如果缺货，商家还可以引导消费者去附近的实体店购买；实体店内就算没有相应的库存，也无须劳烦消费者去更远的地方购买取货，大型综合超市会将商品配送至距离消费者住处最近的实体店；这极大地方便了消费者的购物、出行。

大型综合超市里的九种助推

撤掉商场内的时钟，让消费者感觉不到时间的流逝；专门将男性用品卖场安排在最顶层……这些沿用至今的传统助推，我们都已熟知。在全渠道零售的发展趋势下，商家对这些助推进行了优化与改造，甚至连消费者也注意不到它们的存在。那么，大型综合超市里隐藏着哪些助推呢？

首先，我们来看看购物手推车。

第一个助推是购物手推车的材质。原先的购物手推车是由金属制成的，而现在，它们都被换成了塑料的。铁质的购物手推车淋了雨就会生锈，但是塑料不会。而且塑料比铁更加轻便。然而实际上，消费者并不会特别在意铁质的购物手推车是否已经生锈，或塑料的购物手推车用起来更轻便。然而，视觉方面的改善与提高更能打动消费者。在过去，人们向铁质购物手推车内放入商品时，那些商品看起来就像被关押在购物车里。铁丝围成的网格散发着冰冷的触感，让人浑身不自在。而塑料本身就具有轻盈的质感，摸起来很舒适，因此，更换购物手推车的材质，也是减少消费者对购物手推车的抵触感，从而促进消费的一种助推。

第二个助推是在购物手推车内增添了安置儿童的区域，比如我们常见的折叠式儿童座椅。这样做可以让消费者在购物时更方便照看儿童，不过，它更多的还是为了引导消费者购买孩子想要的东西。

孩子想要的东西是什么呢？是套装组合工具吗？还是做红烧鱼时要用的新鲜鱼或萝卜？都不是。孩子来到超市后，缠着家长要求购买的大多是两种东西：零食、玩具。正是考虑到这一点，超市才在购物手推车内专门为孩子开辟了一席之地。这其中的关键是，孩子坐在购物手推车内时，就会拥有独特的视角。一旦坐进了购物手推车，他的视野就变得与父母完全相反。当父母推着购物手推车向前走、向前看时，他却在向后看。为什么要将孩子的视角设计成向后看呢？这样做的理由是，当父母忽略孩子的需求时，孩子能够及时发现，并且软磨硬泡，让父母买给自己。例如，当父母经过饼干货架时，没有将孩子喜欢的某款饼干放进购物车，而是径直走了过去，孩子很可能会在转进下一个货架前发现那款饼干。孩子一旦发现父母没有买自己喜欢的饼干，就会号啕大哭乃至撒泼耍赖——这是孩子的天性使然。因此，尽管不情不愿，孩子的父母最终还是会买下这款饼干。

第三个助推是，超市在购物手推车上增加了水杯架和手机架。把手机或盛有饮料的杯子拿在手里总是有些束手束脚，而水杯架和手机架可以解放消费者的双手，极大地提高其购物的愉悦度，带给他们沉浸式的购物体验。水杯与手机的共同点是，它们都需要被人们握在手里，但如果人们手里握着什么东西，就会感到别扭，还容易分散精力。尤其当手机因为聊天软件的新消息或电话而持续振动（或响铃）时，正沉浸于购物中的人们就会被打扰。因此，大型综合超市在购物手推车的左侧安置了水杯架，在右侧安置了手机架，用这种方式让消费者能够全身心地投入购物。

对超市来说，消费者在购物时精力集中是非常重要的。

为此，超市要尽力排除外界的一切干扰因素。超市想了许多办法，而水杯架与手机架就是其中两种办法。

其次，我们来看看超市内食品区的构造。

第一个助推是，在食品专卖区的入口处摆放水果货架和蔬菜货架。我们一走进食品区，就能看到水果与蔬菜的货架。超市身负的使命就是，从顾客走进超市那一刻起，就开始诱导顾客购物。这样既可以让刚来到超市的人们一眼就看到正在出售的商品，引导人们购物，还可以让人们悠闲自在地继续挑选其他商品。因此，超市对季节更替最敏锐，他们会将那些天然的、颜色丰富的产品放置在超市入口，带给人们一种舒适的感觉。人们如果看到橘子、草莓、西瓜、苹果等当季水果，就容易萌生购买的想法，并且，这些当季水果会给顾客留下"进货新鲜"的印象，更加激发顾客的购买欲望。也就是说，鲜亮的颜色会给人们留下清晰的印象。

第二个助推是，将受欢迎的畅销商品放置在右侧。在超市里逛一圈你就会发现，由于商品种类特别丰富，我们经常会面临选择的难题。超市正是利用这一点，设计出了一种商品展示台。这种展示台的高度通常在 90 厘米到 140

厘米，这种设计是为了让人们更加直接、容易且方便地对商品进行比较。另外，超市内的畅销商品基本放置在右侧。这样做是因为，我们的视线移动方向通常为由左向右，且最终会在右侧停留。视线停留意味着我们将有更多时间关注这款商品，这样一来，人们自然就会更多地选购右侧的商品。因此，许多超市会将自己最希望人们购买的商品放在最右侧。

第三个助推是试吃台。我们在超市的食品区里经常能看到试吃台。摆放试吃台，让顾客品尝某款食品，是为了引导顾客对免费试吃的行为进行补偿性购买。人们在享受免费的服务时，会下意识地认为应当对此做出回报。正因如此，很多试吃过食品的人都会冲动消费，而且提供试吃服务与不提供试吃服务的营业额足足相差 6 倍。

再次，我们来了解一下收银台的秘密。

第一个助推是，收银台前大都会放一些顾客容易忘记买或是注意不到的商品。这是因为，人们在购物时由于忙于挑选这样那样的商品，经常会漏掉这些零散的小商品。因此，超市将干电池、洗涤剂、小零食等商品放置在收银台前，然后向顾客"暗送秋波"："你似乎把 ×× 漏掉了，它在这里哟！"而且，收银台前的商品比你之前在超市卖场里看到的似乎更便宜。例如，在购买了价值 60 多元的猪肉后，你一下子看到了标价 18 元的巧克力，自然会认为后者更便宜。人们先前购买的商品价格越高，在看到收银台前商品的价格时，继续花钱的痛苦就越会得到减轻，因而，消费者购买收银台前商品的可能性也越大。例如，一个人已经购买了价值 18 元的商品，在继续购买价值 18 元的商品与继续购买价值 1800 元的商品之间，他对前者的抗拒感相对来说更小一些。

第二个助推是，超市故意将收银台的入口设置得比较窄。收银台的作用不只收银，它还能尽最大可能阻止消费者放弃要购买的商品。为此，超市将收银台的入口设计得非常窄，通过这种方式让人们排队。在这里，有一点十分重要：人们在等待结账时，会下意识地对购买行为赋予稀缺性。对于等待 10 分钟才买到手的商品和付完款马上就能拿走的商品，消费者从中感受到的稀缺性是不同的。但这并不意味着等待总是会带来积极的效果，过长时间的等待会引起消费者的不满。如果你为了结账足足等了 30 分钟，那么你可能会直接甩门而去，走向另一家超市。这是因为，你将时间也视作一种交换价值。一旦你投入的时间所具有的价值多于优惠后的商品所具有的价值，你很可能会直接选择去其他超市。

排队也能让人们意识到，自己身后还有人在等待。这与其说是一种心理学因素，倒不如说是社会惯例。结账时如果后面有人在等待，我们通常会以更快的速度付款。这是因为，我们认为如果自己磨磨蹭蹭，会耽误其他人的时间。拿住宅小区内的超市来说，结账时如果后面有人在等待，人们结账的平均速度为 74 秒；而当身后无人时，平均速度则为 103 秒。另外，如果结账时身后无人，人们要求更换商品或退款的情况就更多。换句话说，当后面有人在等待时，正在结账的我们就会感到不安，因而很少更换商品或退款。

第三个助推是，收银员将我们购买的商品放在靠外面的一侧。我们在超市结账时，收银员会将扫完条形码的商品放置在收银台外侧，这样一来，我们就能清楚地看到自己买了什么。那么，为什么不是放在收银台里侧呢？收银员之所以将商品放在外侧，当然有收银台的工学设计构造的因素在其中，但从心理学角度分析，这样做主要是为了让消费者老老实实地买下他们选购的商品。这也是收银员要扫描每件商品的条形码的原因。其实，扫描过条形码后的商品仍然可以退换。但是，收银员扫码的举动会让消费者无意识地认为这些商品已经被自己买下，从而不再关注退换货，而是将注意力转移到消费带来的快乐上。

准确来说，超市就是一个想方设法让你花钱的地方。虽然人们会因为价格亲民而经常逛超市，但超市对人体工学与心理学因素的利用多到超乎你的想象。超市会利用它们促使人们多多消费，甚至还会引导消费者购买自己并不需要的东西。如果你想避免过度消费，只买自己需要的物品，那么，了解大型综合超市里都有哪些引导消费者购买的助推，就显得十分必要。

自助餐为什么一吃就饱

每当有高兴的事情需要庆祝，或是恋人约会、家人团聚时，我们就会选择去自助餐厅。因为自助餐厅菜品丰富，像肉类、油炸类、意面等这些家里不常做的菜品自不必说，还有蛋糕、冰激凌之类的甜点以及咖啡、茶水等饮品。自助餐厅还会为正在节食的客人提供沙拉盘，客人可以享用新鲜蔬菜。不过，你在享受自助餐厅的所有服务时，不对什么感到好奇吗？比如，为什么餐厅门口永远摆放着一排椅子？为什么对人均用餐时间进行 1.5 小时至 2 小时的限制？

事实上，自助餐厅也蕴含着多种心理学与社会学因素，在这些因素的牵引下，顾客的行为会逐渐向着餐厅希望的方向发展。接下来让我们看看，自助餐厅都利用了哪些助推。

如何实现效益最大化

为了实现效益最大化，自助餐厅采用的方法是提高顾客流动率。餐厅要想办法让顾客快点吃完，缩短下一位顾客的等待时间，这样一来，同样时间内，就能招待更多的顾客，而顾客流动率的提升，意味着销售额的增加。假设你是一家自助餐厅的老板。你的餐厅里共有两张四人餐桌，最多可容纳 8 人同时用餐。假设顾客以 4 人为单位来到你的餐厅用餐，出现了下列情况：

A: 顾客用餐时长为 1 小时，有 8 位客人正在等待

B: 顾客用餐时长为 30 分钟，有 8 位客人正在等待

注：餐费人均 60 元

我们在对 A、B 两种情况进行比较时发现，情况 B 的顾客流动率更高。由于顾客用餐速度快，很快就腾出了空位，因此在相同时间内，在情况 B 下，餐厅能招待更多的顾客。在 1 小时内，在情况 A 下，餐厅能招待 8 位顾客，而在情况 B 下，餐厅能招待 16 位顾客，是 A 的两倍。

如果食材品质、食物口感、餐厅服务等条件相同，那么自助餐厅就会转而将目标放在缩短顾客的用餐时间上。这是因为，如果为了提高营业额而一味地降低餐品质量，或是缩减服务人员数目，从而造成服务质量下降，就十分不合理，而且稍有不慎，还有损餐厅的口碑。让我们来了解一下，为了提高顾客流动率，餐厅都使用了哪些助推。

规定用餐时间

到自助餐厅用餐时，工作人员有时会告诉你用餐时间规定。一般来说，自助餐厅规定的用餐时间为 1.5 小时或 2 小时。为什么要规定用餐时间呢？通过现场调查，我惊奇地发现，自助餐厅的顾客平均用餐时间为 65.7 分钟，这与规定的用餐时间足足差了将近 30 分钟或 1 小时。与其说这是为了提醒那些吃一顿饭要花 2 小时以上的顾客，倒不如说是通过限制用餐时间，给人们带来一种心理上的紧迫感。

用餐时间一经规定，就会在顾客的心中抛下一枚"认知之锚"。"锚"一旦落定，顾客就会下意识地遵循用餐规定，在 2 小时内结束用餐。举个例子，如果考试时间限定为 60 分钟，我们就会赶在考试结束前确认试卷、解答、涂答题卡。

时间限制使得人们在采取某种行为时，为特定时间赋予了特殊的意义。被"锚定"的人们会赶在2小时内结束用餐，然后离开，顾客流动率就这样随之上升。也就是说，规定用餐时间为2小时其实是一种无形的施压，它并不是要求你将这2小时都用来吃饭，而是让你在2小时内吃完饭赶紧离开。

使用大尺寸餐盘

人们达到一定的用餐量后，肚子就会饱。换句话说，大部分人感到吃撑的时候，其实已经超过了其正常的饭量。前文说过，顾客需要在规定时间内吃完饭，然后离开餐厅。但本节所述与规定时间毫无关联。其实，顾客感觉吃饱后，是会自行离开的。那么，怎样才能让顾客快点感到吃饱了呢？

走到餐柜前，我们会发现，自助餐厅的盘子尺寸非常大。这种大盘就是让你感到吃撑的关键所在。盘子的大小与盛放食物的多少究竟有什么联系呢？我们可以从人们在自助餐厅的举动中找到答案。人们向盘子中夹菜时，倾向于将盘子填得满满当当。这种行为其实与相对饱腹感有关。假设我们用盘子盛放的是玻璃球，请看下面A、B两种情况：

A: 能容纳 100 颗玻璃球的盘子中盛有 50 颗玻璃球

B: 能容纳 55 颗玻璃球的盘子中盛有 50 颗玻璃球

在以上两种情况里，两个盘子中盛放的玻璃球数量是相同的，都是 50 颗。但是，如果结合盘子的大小来看，那么盘子 A 只盛了一半，而盘子 B 几乎被填满了。相较于空了一半的盘子 A，人们看到几乎填满的盘子 B 时，获得的满足感更多。如果将玻璃球换成食物，之前问题的答案就变得显而易见。如果自助餐厅使用的是尺寸较大的盘子，那么在"填满"倾向的影响下，人们实际盛进盘中的食物比自己预想的要多，吃得也更多，这样一来，人们可以更快地感到自己已经"吃饱喝足"了。也就是说，使用尺寸较大的盘子是自助餐厅提升顾客流动率的一种助推，它促使人们争先恐后地往自己的盘子里夹菜。人们吃得多，自然也饱得快。

油炸类食物前置

为了让人们快速吃饱，自助餐厅摆在靠前位置的不是沙拉或饭后甜点，而是油炸类食品。一来，油炸类食物做法细致，工序较为复杂；二来，来到自助餐厅吃饭的人们基本已是饥肠辘辘，如果最先看到的是油炸类食物，他们就会多取、多吃，从而快速感到饱腹。当饥饿感来袭时，我们的头脑就会脱离理性的掌控，任凭本能驱使。理性告诉我们，要多选一些自己喜欢的或者好吃的菜，但我们实际选择的却是那些饱腹感较强的食物。因此，在显眼的位置摆放饱腹感较强的食物，对提高顾客流动率有相当大的帮助。

推出代金券

除了提高顾客流动率的助推，自助餐厅还设置了吸引人们前来就餐的助推。近段时间以来，我们经常看到，人们在各式各样代金券的吸引下主动来到自助餐厅就餐。其中最具代表性的案例就是在韩国盛行的、利用社交平台开展的"6元买60元"活动。换句话说，这是商家的一种营销手段：只需要花 6 元，就能买到 60 元的代金券；以巨大的优惠吸引人们前来光顾。这种营销手段其实只是换了一种表达方式，但在消费者看来，却显得更加实惠。实际情况是这样的：

A: 餐费 120 元 / 位→优惠至 66 元 / 位（5.5 折）

B: 餐费 120 元 / 位→ 6 元超值购买 60 元代金券（1 折）

这两种表达方式其实是一个意思。A、B 方案都是优惠了 54 元，但与"原价优惠 5.5 折"相比，"1 折购买 60 元代金券"看起来更实惠。这是因为从优惠幅度来看，"1 折"比"5.5 折"更像是"理性的消费"。消费者对价格的波动十分敏感。因此，当特定价格（此处特定价格是指 60 元）出现更高的折扣率时，与计较消费总额相比，消费者更有可能被高折扣率吸引。

在这些助推的作用下，尽管 2 小时的用餐时间非常宽裕，我们也会绷紧神经，迅速吃完，迅速离座。而且，我们也会很快产生饱腹感，最终，我们实际能够吃下的饭菜并没有我们预想的那么多。因此，不要在意用餐时间的限制，如果眼前那令人垂涎欲滴的美食令你招架不住，那就先在自助餐厅里逛一圈，看看别的食物。不要总想着吃回本钱——按照你自己的喜好与意愿来挑选食物，才是吃自助餐最棒的攻略。

"无限续餐"的无限套路

　　看到路边一家餐厅打出"无限续餐"的广告时，我不由得停住了脚步。在手头不怎么宽裕时，很多人都会在心中感谢"无限续餐"餐厅的存在。因为相较于一般餐厅，在无限续餐餐厅里，人们花同样的钱，可以吃得更多、更饱。餐厅不会对食量进行限制，顾客可以放开肚皮，想吃多少吃多少。就这一点来说，无限续餐餐厅是一个相当不错的选择。但是，在"无限"二字的推动下，我们会做出某些特定的行为。这些行为不是基于我们大脑的理性判断，而是来自预先设计好的助推。"无限"二字背后究竟隐藏着怎样的助推，会让我们不知不觉间做出这些举动呢？让我们一起看一看，我们会在"无限"的诱惑下做出怎样的行为，这些行为又会引发怎样的结果。

　　"续餐"一词来自英文中的 refill，意为将某物重新填满。在快餐店、自助餐厅、电影院零食售卖柜台等地方，"饮料续杯"是较常见的方式。但是最近，肉类、年糕等食物也开始采取"续餐"的方式。为什么要续餐？当然是因为不够。当人们意识到自己缺少什么时，就会疯狂地想要进行补充。商家采取"续餐"的方式，也正是利用了这种心理。

举个例子。将水杯里的水喝光后，我们会出于本能，走到饮水机前再接一杯。这说明解决生存资源的匮乏是我们与生俱来的欲求。这种欲求始于我们想要满足自己对食物或温度的需求，这一概念还被广泛应用于哲学、梦境、选择等需要动脑思考的情境。这是因为，我们想暂时消除匮乏感。换句话说，如果我们能够端起水杯尽情畅饮，短时间内我们就不会再感觉到口渴。

假设有以下两种情况：

A：可以随心所欲地吃饼干，要多少有多少

B：只能吃 10 块饼干，吃完则无

我们在哪种情况下吃饼干更能感到满足呢？在面向 250

人的调查中，只有 51 人给出的回答是 A。也就是说，认为在没有数量限制的情况下吃饼干更满足的人只占总人数的20.4%。为什么更多的人认为只能吃 10 块饼干时能获得更大的满足呢？不应该是想吃多少吃多少时获得的满足感更多吗？

这种现象可以用经济学术语"边际效用"来解释。所谓"边际效用"，是指随着商品或服务的增加或减少，人们对其主观赋予的经济效用或价值也会相应地发生变化。一般来说，如果人们持续消费某单位数量商品或服务，每次从单位数量的商品或服务中获得的满足感就会越来越少。举个例子，随着喝下去的水越来越多，一个口渴的人对水的欲求也会逐渐减弱。这类现象被经济学家称为"边际效用递减法则"。让我们重新回到吃饼干的案例。根据边际效用的规律，人们不断吃饼干的同时，从每一块饼干中获得的满足感会越来越少。人们可选择的范围越大，边际效用递减法则的效果，也就是满足程度递减的速度就会越慢。虽然我们都梦想着自己拥有无穷无尽的物质财富，但如果我们真的拥有了一生都花不完的财富，我们也不会像想象中那样感到愉悦和满足。基于这一点，让我们看看"无限续餐"的餐厅里都有哪些助推。

种类很多或很少

"无限续餐"餐厅的特征之一就是，餐品种类要么太少，要么太多。比如在烤肉店里，除肉类之外的其他食物种类并不多。但在自助餐厅中，食物种类却多达数十种。为什么两类餐厅的食物种类差别如此之大呢？

其原因在于，对餐厅来说，如果只提供很少种类的食物，那么人们只会偏好其中的一两种，而根据边际效用递减法则，顾客通过进食获得的效用会快速减少。也就是说，如果一直重复吃同一种菜或味道相似的菜，人们获得的满足度就会迅速降低。基于这种现象，餐厅会尽最大可能减少菜品种类。

反过来，如果食物种类非常丰富，人们挑选菜品时就会无所适从，最终由于选择压力过大，人们会放弃选择，干脆转而主攻那些口味不错的菜品。这样一来，消费者从进食过程中获得的满足感也会减弱。为了让我们吃得尽兴，餐厅准备了多种餐品供我们选择，然而实际上，我们放弃了选择，而是根据自己的喜好大量地选取自己喜欢的菜品。

"无限续餐"餐厅无法对顾客获取的食物数量进行限制，但却可以通过这种助推，巧妙地达到自己的目的。

菜量任取

大多数"无限续餐"的餐厅都会在厨房备完菜后，将菜品紧贴厨房的外侧摆放。这样一来，人们也会来到厨房门口拿食物。这是为什么呢？其实，这与人们在面临选择时的心理机制密切相关。要想了解这一点，人们需要知道自己究竟会从自己做出的选择中获得满足感，还是从他人为自己做出的选择中获得满足感。让我们一起来分析下面两种情况：

A: 烤肉随意获取

B: 从厨房拿一份 200g 的烤肉

通常来说，人们选择 A 的可能性更高，因为它们可以根据自己的情况来调整获取烤肉的数量，不会担心吃不饱。此处的关键在于，就算情况 A 中供应的烤肉实际分量不足 200g，人们还是会从情况 A 中获得更多的满足感。这种现象该如何解释呢？

一般来说，人们倾向于高估自己做出的选择，贬低他人的选择。由于在情况 A 中做选择的主体是我们自己，无论取多少烤肉，我们都会对自己的选择感到满意。一旦获得大量的满足，需求上的空缺就会迅速被填补，随后边际效用递减法开始发挥作用，最终，人们放弃了续餐。

由此可见，"无限续餐"的餐厅并不真的打算让你无限续餐，这只是一个利用了人类心理的助推。来到餐厅的消费者饭量有限，而餐厅老板也是有限度地采购食材，并不是无限囤积。就单个人的食量而言，餐厅供应的菜量看似很多，但是很多食物只是摆在那里虚张声势罢了。

不过，"无限"也好，"续餐"也好，这两个词的影响力仍旧不容忽视。它们拓宽了选择的范围，而且从性价比的角度考虑，也同样具备合理性。因此，人们还是会来到"无限续餐"餐厅消费，而且在隐蔽的选择机制的作用下，消费者会满足于自己做出的选择（拿取食物），还会更快地感觉到饱腹。

因此，与其说是"无限续餐"，倒不如说是将选择食物分量的主动权交到了消费者手中。有时我们也会替餐厅捏一把汗："这么大方地让顾客随便吃喝，不会赔本吗？"
要知道，餐厅自有其生存之道，我们还是多关心一下自
己吧。

爆米花为什么是"观影必备"

电影能带给我们许多灵感。我们在看电影时或哭或笑，领悟了许多人生的真谛。但是，我们因为看电影而产生的花销比我们想象的还要多。从准备出门看电影的那一刻开始，我们明里暗里就会遭遇许多压力：必须买便宜的电影票，必须买爆米花，等等。如今，我们有必要回头想想，为什么看电影时一定要买爆米花呢？比起其他文化空间，为什么我们更常去的是电影院？可能是因为，电影院处处暗藏着助推。而且最近手机 App、广告以及其他宣传媒介也在诱导你去电影院消费。

与过去相比，如今电影院的文化空间属性更加突出。近年来，集游戏、文化、音乐于一身的综合性影院在普通影院中独树一帜，韩国的剧场街也在不断地推陈出新。比如，考虑到不能现场参加新电影首映式的观众，CGV、乐天

CINEMA 等电影院开始在社交平台照片墙开展明星即时互动直播活动。这些电影院还为观众开设了专门打卡拍照的地方，或是向观众开放一些装潢精致、值得拍照上传照片墙的特色空间。

从中可以看出，电影院正在摆脱过去"放映电影的地方"这种单一的定义，力图转型成为"综合文化空间"。实际上，根据韩国电影振兴委员会经营的电影院入场券综合电算网的数据，2017 年韩国的电影院共接待将近 2 亿 2 千万人次，创下了历史新高。随着人们需求的增加，电影院不再只是欣赏电影的地方，由于娱乐、购物、餐饮等行业也纷纷进驻，电影院具备了更加多样的文化功能。为了顺应这种潮流，一些规模较大的电影发行公司直接将电影院定义为"综合文化空间"，并进行大力宣传。同时，这些公司在商场或购物中心的最顶层或最底层建造电影院。这样一来，作为综合文化空间的电影院，就可以一站式地满足消费者的购物需求与文化体验。可以说，电影院与多种消费媒介相辅相成，共同为人们提供了新的机会。

近几年来，各家电影院纷纷入驻商场、购物中心，甚至大型综合超市里也有电影院的一席之地。这样的布局既能引导前来看电影的人购物，也能引导前来购物的人买电影票——电影院与商场正在形成互利共赢的合作关系。接下来，我将正式介绍电影院里有哪些助推。

诱人的"免费"与"限时"

2019年2月，"CGV内部折扣券流出"的消息开始在互联网和Kakao Talk等社交平台上流传，只要在CGV的App上输入优惠码，就能以42元的价格买到一张电影票。消息一出，优惠码被人们疯狂转发，大家纷纷下载CGV的App并注册成为会员，然后输入优惠码来兑换折扣券。当然，由于CGV与其母公司CJ集团存在意见分歧，我们无法得知背后缘由，但这项意外之举为公司吸纳了大量会员，其App下载量也迅速提升。这类优惠活动以前所未有的"讲故事"的形式出现在人们眼前，成了引导人们做出特定举动的一种策略。为什么我们会沉浸于"讲故事"的形式，并为此积极主动地下载平时都不会多看一眼的App，还成为其会员呢？这是"免费"与"限时"共同作用的结果。这两个词语激起了我们的欲望，引导我们更加迅速地完成了这一系列操作。

通过参加活动得到折扣券，与意外地免费拿到折扣券，哪种情况让人们更开心呢？后一种情况似乎让人更惊喜，但也有可能，人们参加活动并获得回报的那一刻才更开心。而且，如果折扣券是因为好运而获得的，人们就倾向于马上用掉它。因为他们不会太珍惜免费获得的折扣券。也就是说，人们在决定是否进行消费时，为之投入的精力和金钱都是左右决策的重要因素。

A: 收到其他人给的 300 元

B: 自己工作挣来的 300 元

在 A 与 B 两种情况中，哪笔钱会更快被花光？当然是 A 了。如果凭空得到了一笔钱，人们一般不会把它存起来，而是认为自己可以任意挥霍这笔钱。也就是说，人们不会将意外收到的钱视为自己的财产。另外，折扣券也有一定的使用期限，短则一周，长则一月，过期就会失效。设置使用期限就是为了促使消费者尽快将其用掉。假设你免费得到了某件物品，让我们比较一下你使用这件物品与不使用这件物品时的心理。

假设你得到的是一张折扣券。用了这张折扣券，原价

300 元的商品可以便宜 50%。如果你本来不打算购买这件商品，那么下列哪种做法算是吃亏的？

A: 用折扣券将商品买下

B: 错过了折扣券的使用期限，无法半价购买商品

人们一般会认为做法 B 更吃亏，因为做法 B 错失了折扣券的使用权限。但是，从经济学角度来看，做法 A 更吃亏。因为做法 A 产生了本不应有的 150 元花销。如果折扣券设定了使用期限，人们就会想方设法尽快将折扣券用掉，而相应商品的销售额也会随之增加。

发展情境论：爆米花是"观影必备"

爆米花是看电影的必备零食吗？对于喜欢爆米花的人来说当然是。有些人在看电影时不吃爆米花，就会浑身难受；但对大多数人来说，吃爆米花只是额外的享受，并没有到非吃不可的地步。

相较于其他商品，电影院出售爆米花这种小零食能带来更加可观的收益。如果有人看电影时购买了爆米花，那么除

了电影票钱，他还额外"送"给电影院一笔钱。如果购买爆米花不是必需的，消费者就会无动于衷。因此，电影院想出了很多办法，好让爆米花一步一步成为"观影必备"。

其中最具代表性的办法就是调整爆米花贩售台的位置。电影院将爆米花贩售台安排在售票柜台的邻侧，紧挨着售票柜台。前来购票的观众可以直接看到爆米花的制作过程，也能闻到若有若无的香气，在视觉与嗅觉的双重冲击下，观众会自然而然地购买爆米花。

将爆米花贩售台与售票柜台安排在一处，可以让人们觉得购买爆米花并不是独立的消费行为，而是看电影的一部分。一旦观众形成了这种意识，购买爆米花就变得理所当然。简单来说，观众不是从售票柜台走向爆米花贩售台，专门花时间和精力去买爆米花的，而是爆米花柜台刚好在自己的移动路径之内，顺路、顺手买的。这种现象符合"发展情境论"（Developmental Comextualism）。发展情境论认为，人们很少基于个人情况做出选择，而是更多地随着环境的变化而变化。

下面展示的就是购买爆米花时的移动路径，我们可以对比一下，想想自己在怎样的情境下会购买爆米花，在怎样的情境下则不会购买。

A: 购票→爆米花贩售台→影厅

B: 购票→影厅／爆米花贩售台

在情境 B 中，去往爆米花贩售台和去往影厅的是两条不同的路，这时候，人们会将买爆米花视作一种劳力伤财的行为。也就是说，如果要做的事发生在移动路线之外，人们就会认为"多此一举"。为了避免人们产生这种想法，就有了情境 A。在情景 A 中，爆米花贩售台被安排在去往影厅的路上，这种安排本身就是一种助推，在其作用下，人们购买爆米花就成了一种自然而然的行为。

这种助推在电影院以外的其他地方也十分常见。比如，便利店的拉面后面的货架上一般会摆放三角饭团，或者文具店里笔记本旁边会摆放圆珠笔，这些安排都充分考虑了消费者的移动路径。商家如此重视消费情境的原因也如前所述：消费者不会独立地考虑每件商品的特点。

我们不会在选购每一种商品前仔细考虑它们的作用。由于每种商品所处的情境不同，影响消费者购买它们的因素也不同。如果商家没有营造相应的情境，消费者就没有耐心对商品逐一进行细致考量，而是扭头就走。如果商家在摆放商品时将情境因素考虑在内，产品的各方面性能就会一目了然，消费者也可以节省许多精力，最后，消费者购买这些商品的可能性也会大大增加。

如果电影票显示的放映时间是12点，那么电影真正开始的时间通常是12点10分，这10分钟是广告时间。但是，电影院会让观众在12点入场。为什么不把广告安排在放映前10分钟，而是安排在电影票所示的放映时间呢？首先，这种安排照顾到了一部分迟到的观众。更主要的原因是，为了让更多的人看到广告。也就是说，在放映电影的时间内放映广告，可以让人们在电影开场前坐在座位上安心等待，尽最大可能阻止人们去洗手间，保证观看广告的人数。

电影院里的广告与电视广告很像，即使我们不想看，也无法拒绝。基于电影院的特殊性，观众的离座率非常低。但是，如果观众没有全部按时入场，广告的效果就会打折扣。考虑到开始放映时踩点入场的观众最多，电影院就选择在那个时间点放映广告。电影院广告极力展现艺人英俊美丽的面孔或是突出音效，使人们在等待电影开始时，将注意力集中到广告上。

现在我们明白了，实际上，我们看电影时的许多花销，都受到了部署周密的助推的影响。

从走进电影院到走出电影院，我们会与许多助推打照面，也往往会在这些内心斗争中败下阵来。我承认，看电影时吃爆米花和喝饮料是一种享受；但是你得知道，如果为不必要的东西花了太多的钱，我们也会陷入不利的境地。请你多加留心细节，并且在消费前认真思考一个问题：这件商品是否真的为自己所需要。你看一次电影的花销，说不定能看 10 次电影。

第四章

理性决策：
那些被忽略的心理博弈

第四章

"性价比"是一种陷阱

便利店已经深入我们的日常生活。属于便利店的时代已经到来——如今，人们在感到肚子饿时，首选不再是饭店，而是便利店。我们对便利店产生了深深的依赖，便利店里的许多食物如三角饭团、拉面或者盒饭都可以当作正餐来充饥。不知从何时起，便利店开始推行各种各样的打折活动，并且持续不断。最近，便利店还与咖啡馆进行业态混搭，联手打造复合型文化空间。

随着越来越多的人走进便利店，商家掌握了消费者的店内移动路径与喜好，并据此对便利店进行重新布置，以期更好地发挥助推的作用。顾客的移动路径看似不值一提，实际上却能对营业额产生重要的影响。那么，我们周围随处可见的便利店内隐藏着怎样的秘密呢？让我来为你一一揭晓。

商品为什么这样摆

作为便利店最受欢迎的商品之一，三角饭团通常被摆放在显眼的位置，尤其是与顾客的视线等高的位置。换句话说，便利店会充分考虑顾客的身高，将三角饭团摆放在顾客目视正前方时一眼就能看到的位置。无论去哪家便利店，我们都能轻而易举地找到三角饭团，这并不是因为我们目光锐利，而是因为其摆放位置是有意设计的。

比起深思熟虑，人们更倾向于本能地选择对自己来说最显眼的商品；相较于理性地对所有商品逐一进行比较，人们更倾向于选择视线范围内的商品。实际上，我们常买的方便面、盒饭、三角饭团等食物都位于比较显眼的、距离收银台较近的地方。速食食品与碳酸饮料也是这样，摆放啤酒、烧酒等酒类的位置也非常显眼。

为什么只有啤酒打折

若论便利店里最经常打折的商品，非啤酒莫属。但是，与那些卖得好的啤酒相比，新推出的啤酒或进口啤酒打折的情况更多。原因十分简单：消费者会下意识地关注那些价格相对较便宜的商品。为了引起消费者的注意，商家会给予新款啤酒更大的折扣。在折扣的吸引下，愿意尝试新啤酒的人会增多，其销量也会随之增加。因此，针对那些销路不好的啤酒，以便利店为首的酒类售卖场所推出了"60元4瓶"的促销活动。

换季陈设有什么不同

每逢换季，便利店总是不厌其烦地改变商品的陈设。因为在不同的季节里，人们购买的商品也会有所变化。不同的季节，商品的陈列会有何不同？卖得好的商品又有哪些呢？

春天，为了预防沙尘暴和雾霾，便利店会大量进货镜头清洗剂以及口腔清洁用品等商品，也会在货架上大量陈列这些商品。而且，便利店会将其中销路最好的商品——口罩放在最显眼的位置，也就是进门后正对的位置。

夏日里，人们的户外活动逐渐增多，便利店会将凉席与防晒霜等摆上货架，饼干之类的零食也会被成箱地包装好，便于顾客在人多的场合分发食用。

到了假期，摆放在显眼位置的商品就会换成旅行装洗漱用品等度假必备品。另外，假期时，人们对自热米饭、调味品、罐头的需求也会急剧上升，这在便利店的商品摆放中也有所反映。炎炎夏日，人们更喜欢加冰的饮料，因此，便利店门前也会摆放冰块，吸引顾客前来消费。此外，把除臭剂摆在店门口，也能达到自然而然地引导人们购买的目的。

在不同的季节里，将当季商品摆在便利店门口，是商家提高销量的一种策略。

"买一赠一"真的盈利吗

便利店通过各种"买一赠一""买二赠一"活动来引导消费者购买相应的商品。为什么"买一赠一"会让我们动心呢？实际上，人们愿意购买相应的商品，并不是因为他们需要两件商品，而是因为"用一件商品的钱可以买到两件商品"的优惠让他们产生了强烈的购买倾向。如果计算一下性价比，人们当然会认为"买一赠一"更划算。

假设商品的价格为每件 12 元，在有"买一赠一"活动和没有"买一赠一"活动的情况下，人们可能会分别产生如下想法：

A: 每件 12 元

B: 买一赠一 12 元→每件 6 元

面对"买一赠一"商品时，我们很少会优先考虑商品的实用性与我们的真实需要，而是会先计算性价比，选择更实惠的购买方案。实际上，"买一赠一"商品周围摆放的大都是类似的或价格不相上下的其他商品。这是因为，人们倾向于根据特定情境进行消费，而不会考虑商品的实际效用。而商家抓住了这种倾向，以此来达到促进消费的目的。

举个例子，假设你要购买一件标价为 6 元的商品，与你要购买的商品摆在一起的其他类似商品的价格如下：

A:1.2 元 /3 元 /6 元

B:12 元 /30 元 /6 元

在情况 A 中，你获得的满足感较多，在情况 B 中，你获得的满足感较少。虽然购买的是同一商品，但你获得的满足感不同，其原因在于，与 6 元商品一起被展示的其他商品的相对价格不同。我们不是按照商品的客观效用，而是按照相对性原则进行消费的。"买一赠一"商品也是如此。如果 6 元商品像情况 A 中那样位于价格更便宜的商品旁边，愿意购买的人就不会太多。但是，如果换成情况 B，也就是 6 元商品旁边陈列的是价格相同甚至更贵的商品，那么购买 6 元商品的满足感就会有所增加，消费者会认为这样的消费十分理性。

利用消费者的这类心理，便利店通常将价位相似或价格更高的商品放到促销商品的周围，以此来引导顾客。

另外，便利店的促销商品有时并不标明总价，而是只标明单价。为什么只标明单价而不告诉消费者总价呢？因为在同样的情况下，标价方式不同，人们做出的选择也会有所不同。假设你想要购买价值 3650 元、为期一年的保险，有以下两种宣传语：

A:1 年 3650 元，保您平安

B: 每天 10 元，保您平安

上述两种宣传语都是希望你购买这份 3650 元的保险，也就是说，它们的目的一致的。但是，由于标示的价格不同，人们做出的选择也不同。

实际上，根据面向 100 位受访者的调查结果，有 19 人选择了 A，占总人数的 19%，多达 81 人选择了 B，占比为 81%。宣传语 B 减轻了价格带给人们的压力感，受到了更多人青睐。促销商品也是同样的道理。假设每件商品标价 12 元，有"买二赠一"活动，我们需要从以下两个选项中进行选择：

A:3 件共花费 24 元

B: 商品单价 12 元，买二送一

与宣传语 A 相比，宣传语 B 带给人们的心理负担更少，因此受到更多人的青睐。总而言之，便利店标示单价的做法是为了减轻人们的心理负担，从而引导人们选择相应商品。

到这里为止，我们大体上介绍了便利店的四种助推。当然，便利店内的助推还有更多，我们正是在这些助推的

"引诱"之下进行购物、消费的。

在便利店这一方小小的天地里，同样有数不胜数的营销策略。这些对顾客的一举一动了如指掌的助推藏身在便利店里，使得便利店仿佛是一座馆藏各种助推的博物馆。

逛得越久，越想"剁手"

我们走在街上，总是会遇到三种场所：一种是便利店，一种是咖啡馆，还有一种是售卖化妆品、药品、保健食品等的药妆店。比起化妆功能本身的价值，如今的化妆品发挥了更大的"向心力"作用。爱美的人通过化妆品汇聚到一起，而药妆店作为一种文化空间，其地位也愈加不容忽视。传统的观念认为，化妆品只是女性的所有物。但随着越来越多的男性开始追求美，以男性为对象的美妆产业也发展起来，男性化妆品的种类也逐渐增多。如今，在化妆品店，不仅有针对男性的化妆品，也有男女皆可使用的空气香薰、香水、身体乳等。有人说药妆店是这场化妆品热潮的中心，的确实至名归。

那么，药妆店是如何走进我们日常生活的？其中又暗藏着哪些助推？以及，我们在药妆店里的消费选择经过了怎样的设计？让我们从心理学角度出发，一起看看药妆店内都隐藏着哪些助推。

门口购物篮的秘密

人们看到空的矿泉水瓶，会做何反应呢？根据匿名问答 App 开展的调查，大多数人的回答是看到空的矿泉水瓶后，就想将瓶子装满水。这是因为，人类有一种"填满"的需求。当人们看到空的容器时，就会在本能的驱使下，产生想要用什么东西将其填满、塞满的欲望。

大部分药妆店会在进门右手边放置一摞铁制购物篮。虽然这是为了方便顾客，但何尝不是一种助推？空置的购物篮会刺激顾客，让他们产生将其填满的欲望。他们下意识地拎起一个购物篮，并在这种欲望的驱使下进行购物。尽管我们只需要买自己需要的东西，但此时，一种无形的心理压力在要求我们将购物篮填满，而这种心理很可能导致我们过度消费。拿起购物篮这一看似平常的动作，其影响超乎我们的想象。它能让我们在药妆店里逗留更长时间，情不自禁地购买更多的商品。

试用装秘密大公开

我们能在药妆店试用的、比较具有代表性的产品包括用于唇部的唇妆产品、喷在身上的香水、描画眼部轮廓的眼线笔等。喜爱化妆品的人往往对色彩非常敏感，女性用的唇妆产品尤其能体现这一点。同一款唇妆产品会提供 12 种到 20种不同的色号，而且所有的色号都备有相应的试用装或小样，这些小样可以让顾客免费试用。药妆店为什么会备有小样呢？这运用了禀赋效应，即使顾客本来无心购买，在试用过小样后，也会对该款产品的价值做出较高的评价。

虽然小样不属于个人物品，但在短暂拥有过之后，人们对其价值的评价会大大提高。这就是禀赋效应在其作用。利用这种原理的一个典型案例就是体验营销。举个例子，1996 年，韩国家电品牌帝恩彩（DIMCHAE）在泡菜冰箱上市初期，募集了约 200 名体验员，让他们免费试用 3 个月，待试用期结束后再决定是否购买。结果令人惊讶的是，所有体验员在试用过后都乐意购买，没有一个人表示拒绝。我们可以用禀赋效应来解释这一现象：体验员在使用泡菜冰箱的同时，泡菜冰箱在他们眼中拥有了更高的价值。

药妆店备置小样的原因也是如此。唇妆产品的色号或种类很多，顾客需要从更多种产品中进行挑选。备选项越多，选择的难度就越大。为了避免顾客被选择困难症劝退，药妆店允许顾客直接进行试用。这是为了引导顾客挑选出自己喜爱的产品，然后将其买下。而且在试用的过程中，顾客也会找到适合自己的色号或香型。在药妆店持续购买该品牌的相应产品后，顾客就会逐渐成为这款产品的忠实用户。总而言之，我们可以将药妆店提供小样与试用服务的举动看作一种助推：帮助你找到适合的产品，然后诱导你将其买下，变成你自己的所有物。

放在最里侧的产品

化妆总免不了引发皮肤问题，最适合使用的产品还是面膜。药妆店里也有面膜，但大部分都被放在店内最里侧。这是为什么呢？我们如果从用户体验的角度来看待消费者，就很容易理解这种安排。

一般来说，用户体验涵盖从消费者来到店里到结账的全过程。在此需要注意的是，药妆店的收银台也位于最里侧，这会促使消费者从进门开始，一直向前方或侧方移动。在药妆店里，靠近门口陈列的一般是香水、唇彩等化妆必需品，如果顾客继续往里走，看到的则是面膜和其他护肤品等具有针对性的产品。

大多数人都知道，化妆品会对皮肤造成一定的伤害，因此护肤成为必不可少的环节。当人们挑选完化妆品继续向前走，发现下一个货架上摆放的是护肤品时，就会对护肤品产生强烈的需求。这就是为什么许多人会在购买化妆品的同时购买护肤面膜。这个助推很好地利用了相对位置。

故意让人们排长队

结账时，除了极少数情况，人们基本都要排队等待5分钟~10分钟。为什么要让人们排长队呢？这是为了让他们在此过程中得到满足感，减少退货、退款情况。消费者在焦急等待时，几乎不会留意店员的提醒如"概不退货退款""7日内可凭单据退款"等。等待时间越长，他们越会没有耐心根据这些附加信息做出理性的决策，而是希望赶紧结完账离开。

如果你在药妆店看到想买的商品，请再三考虑后再做决定。药妆店根据顾客的移动路径进行了一番设计，使顾客看到某款商品后，能联想到刚看过的另一款商品。顾客会在这种"联系"的作用下购买这款商品，却不考虑这款商品是否真的为自己所需要。促使人们购买更多的商品，这就是助推的作用所在。

对消费者来说，只购买自己真正需要的商品并不容易。但是，我们仍有机会审慎地思考，眼前的商品是否真的为自己所需要，从而实现理性消费。你今天在药妆店购物时，是不是不小心超出了预算？请看看你手中的购物篮，它有话要对你说："你在面对诱惑时，并没有自己想象的那么坚定。"

1元购的圈套

　　我收到一封邮件，点开一看，是一封"1元购买汉堡套餐"的广告邮件。怀着几分好奇，我点击了邮件里的网址，找到了"汉堡套餐"，放入了"购物车"，然后点击了"结算"，我发现，原来真的只需要1元！我们在浏览网页时，有时也会看到1元特价出售的商品。虽然这价格低到不可思议，令人半信半疑，但人们还是会马上点击"结算"。但是，你知道商家的"1元购"中含有好几个引导消费者的助推吗？商家以几乎是拱手相送的价格售卖商品，这之中究竟隐藏着怎样的营销策略呢？

1元比0元更吸引人

　　仔细观察一下"1元购"，你就会发现，这类活动并不单独举办。

"1元购"一般都会与"黑色星期五"这样的促销活动一起举行。促销活动意味着大幅度的优惠与折扣，因而能吸引许多人前来抢购。对消费者来说，这是低价入手平时买不起的商品的好机会。基于这种想法，人们很容易冲动消费。

事实上，1元具有一定的象征意义。虽说不是免费，但也不像一般意义上的有偿交易。如果回到从前，1元钱或许能买到很多东西；然而现在，1元钱能买到的商品寥寥无几。在人们来看来，区区1元钱并没有那么讨人喜欢，但是拿着也没什么坏处。

换句话说，1元钱的价值已经变得愈加不值一提。然而，此处的关键在于，无论1元钱的价值多么微不足道，商品都不是免费送给你的。"1元购"以这种方式来阻止商品价值的完全流失。

A: 手机壳免费

B: 手机壳1元

单看这两则宣传语，你有什么想法呢？对于宣传语A，我们认为，"免费"的手机壳，质量也许不太好，买回来还会引起一系列麻烦。但宣传语 B 却能让我们由衷地感叹"这次的折扣活动真是不惜血本"或"我刚好手上有零钱，要不要买一个试试"。

0 元与 1 元差别并不大，但它们带给消费者的认知却截然不同。

"1 元购"在生活中的运用也越来越多。韩国全罗南道的光阳市正在面向小学生与初、高中学生开展"1 元乘公交"爱心活动。这样做，一是为了激发公共交通的活力，二是为了减轻学生乘坐公交车的费用负担。据统计，活动开展以来，每月乘坐公交车的人数增加了 500 余人，公共交通的使用率也有所上升。而且，考虑到住在乡镇的居民交通不便，光阳市政府还专为他们推出了"1 元乘出租"爱心活动，此活动受到了居民的广泛好评。

心理账户

1 元零售活动最重要的不是向消费者提供廉价的商品，而是让消费者在购买其他商品时，内心不会产生抗拒感。为了帮助读者理解，让我们举个例子：

A: 购买价格为 120 元的商品，然后再购买价格为 300 元的商品

B:1 元购买原价 120 元的商品，然后再购买价格为 300 元的商品

这两种情况分别对应的花销如下：

A:120 元 +300 元 =420 元

B:1 元 +300 元 =301 元

在上述两种情况中，让我们重点关注价格为 300 元的商品。

在情况 A 中，顾客在购买 120 元的商品后，继续购买 300 元的商品时，会有一定的心理负担。因为两种商品的总价高达 420 元，而且 300 元远高于 120 元。但是，在情况 B 中，由于花 1 元就能买到 120 元的商品，顾客会认为自己省下了 119 元。

此处的关键在于，人们用省下的 119 元去购买其他商品时，会产生获得优惠的错觉。换句话说，人们不会将没有花掉的 119 元放回钱包，而是会抱着"它是原本就要花掉的钱"的想法，将这笔钱花掉。这种现象在行为经济学

中可以用"心理账户"来解释。

　　所谓"心理账户"，指的是对于经济价值相同的钱财，人们会视其出处、保存地点、用途不同而产生不同的行为。人们对从路边捡来的 6000 元与自己辛辛苦苦挣来的 6000 元，实际上有着不同的消费倾向。路边捡来的 6000 元是自己不费吹灰之力得到的，因此人们会毫不犹豫地将其花光；工作赚来的 6000 元是自己用劳动换来的，因此人们会小心翼翼地存起来。另外，人们将每逢年底返还的税款视为公家的钱并大肆挥霍，却将继承的遗产小心保护起来（无论是挥霍自己的财产还是遗产，他们的财产总额都会减少），这就是"心理账户"在起作用。"心理账户"就是这样带偏了人们的消费倾向，最终使人们进行了并不理性的消费。不仅如此，"1 元购"还利用微不足道的 1 元钱，轻而易举地瓦解了消费者的理智，引导他们做出了平时非常犹豫或是根本不会发生的消费行为。

成为会员

　　要想在网店买东西，有一个流程必不可少，那就是成为会员。

事实上，会员访问量是网店最重要的成长指标之一。如果把网店的会员访问量换成实体店顾客的多与少、有与无，大家或许更容易理解。网店的访问量越多，销量就越有可能增加。

从表面上看，拥有大量会员并不是坏事。访问网店的人越多，商品就越可能销量大增。而且，访问量大的网店还会受到经销商的青睐。也就是说，会员数量增多，不仅可以为网店带来更加可观的热度，还能吸引更多的经销商、广告商主动寻求合作，从而使网店在市场上占得先机。网店无法强制消费者成为会员，所以就通过具有诱惑力的优惠制度来吸引消费者，使其主动成为店铺会员。不注册会员的消费者当然也能购买商品，但"1元购"活动只面向会员，非会员享受不到这样的福利。

简化流程

我们不仅注册了会员，还在不经意间成了网店营销策略的"狙击对象"。这是因为你在注册会员时没把"是否接收邮件或短信通知"的选项当回事。注册会员时，你是不是留过身份证号码？是不是填写了家庭住址和手机号？是不是没有留意"是否接收短信通知"这一选项，然后直接勾选了？也难怪，面对烦琐的注册流程，人们都希望赶紧结束。

我们之所以有这种想法，并不是因为对流程缺乏耐心，而是因为注册流程千篇一律，我们已经在其他地方操作过很多次了。加上"1元购"活动的价格十分诱人，所以消费者的心情非常急切，他们对相关内容只是匆匆一瞥，并没有细看。

对于是否同意接收短信，消费者也表示默许，反正收到短信或邮件对自己也没什么损失，到时候删掉就可以了。但是，同意接收通知意味着，当网店向你推荐适合你的商品时，每次举行优惠活动时，你就是它的潜在顾客。也就是说，就算没有"1元购"的吸引，你也会在网店日后发放优惠券或举行半价活动时，成为潜在的、积极消费的顾客。

网店真正想要的是潜在顾客。虽然忠实顾客也不错，但从总体上来说，更多的潜在顾客会带来更佳的营销效果，这对于长期保持网店的稳定销量很重要。因此，在充满诱惑的营销策略背后，是商家为确保会员人数和营销参数（Marketing Parameter）——商家锁定的顾客和潜在顾客的数量——而设置的圈套。

当然，与商品的原价比起来，会员享受的1元优惠确实非常诱人，而且这种福利主要面向第一次参与"1元购"活动的人群，因此，消费者会被"不买就太亏了"的想法所支配。消费者应当注意，不要因为心情急迫而忽视一些本应留心的细节，比如拒绝接收短信通知或邮件通知的权限。从你同意商家向你发送短信或邮件的那一刻开始，你就会收到很多宣传优惠商品的广告邮件。如果众多邮件中有一封能吸引你，商家的目的就达到了：通过"1元购"吸引顾客、提高销量。

挽回休眠顾客

让我们重新强调一下，大部分"1元购"活动都有一个条件，那就是，首次参与活动的新顾客和1年以上的老顾客才有资格参加。这种做法是一种减少休眠顾客、引导休眠顾客重回店内消费的助推。也就是说，这种助推是为了挽回流失的顾客。

在商家看来，如果某个顾客近 1 年内没有下单，那就证明该顾客已经转向了其他购物平台或线上店铺。要不是对网店的产品失去兴趣，顾客也不至于 1 年内不下单。那么，怎样才能挽回他们的心呢？难道要写一封情感真挚的邮件，恳求他们回来吗？要知道，顾客比我们想象中还要忙碌，根本没工夫查看这种邮件。因此商家认为，比起发送顾客无暇查看的邮件，令人眼前一亮、难以抵挡的诱惑更能不着痕迹地达到目的。

为了挽回休眠顾客，商家准备了更大幅度的优惠与更多的折扣券，使出了撒手锏——"1 元购"。我们之前也提到过，挽回休眠顾客是为了增加网店的"粉丝"数量，使网店具备一定的影响力；这样做还能为店铺争取到更多的活跃顾客。

将原价 30 元的商品加入"1 元购"的行列，会产生收益吗？当然不会。举行这类活动的意义不在于获得实际收益，它们只是营销的一部分。总而言之，网店以"1 元购"活动为媒介，再适当地利用"心理账户"来增加会员与潜在顾客，同时挽回流失的顾客。也就是说，"1 元购"活动本身就是一种营销成本，商家用它们来"购买"顾客。世界上还有这样绝妙的助推吗？商家将营销和售卖相结合，就能让顾客一头扎进活动里，而且主动为商家的活动做宣传！

没什么便宜是非捡不可的

不知从何时起，我们开始将咖啡馆视为一处文化空间。咖啡不再是纯粹的饮品，它是一种对话方式，有时还是一份表达心意的礼物。随着人们的观念发生转变，咖啡馆也不再局限于售卖咖啡，而是逐渐向文化空间靠拢，努力让顾客享受到丰富多样的文化生活。为了适应这种转型，咖啡馆内的消费机制也相应地发生了变化。

1999 年，韩国第一家星巴克在梨花女子大学前开业。在那个年代，人们说起咖啡时，首先想起来的是自动贩卖机出售的咖啡或速溶咖啡，对现磨咖啡，人们还是一无所知。难以想象，那时的人们如果能在街上买一杯热气腾腾的现磨咖啡，会是怎样的光景。在过去，一杯咖啡比一顿饭都贵，因此，坐在咖啡馆里悠闲地享受咖啡只是一部分富裕的消费者的专利。曾有人站出来批评咖啡"过分奢侈"，但仅以 2016 年的数据来看，韩国的星巴克门店数量已经增长至世界第五，韩国人平均每周要喝 12 杯左右的咖啡。也就是说，韩国人平均每天会购买一两杯咖啡。

韩国咖啡馆的灵感来自韩国的茶房文化。韩国解放后，茶房数量持续增长，尤其是在 20 世纪 70 年代以后，大量茶房如雨后春笋般出现在以首尔火车站为代表的各地火车站或公交车站周围，为等待火车或公交车的人们提供了一处悠闲自在的空间。那时，随着 DJ 职业的出现，"音乐茶房"也到达鼎盛。到了 20 世纪 80 年代，茶房依然备受年轻人的追捧。然而，在 20 世纪 90 年代，由于咖啡贩售机的普及和越来越多高档咖啡馆的出现，茶房逐渐走向没落。

如今，咖啡馆俨然已是一处文化空间。学生们去咖啡馆学习，年轻人在咖啡馆举办各种聚会，情侣们也会去咖啡馆约会。咖啡馆之所以能够以"文化空间"的身份站稳脚跟，是因为，伴随着越来越多高档咖啡馆的出现，人们的注意力从咖啡本身转移到了咖啡馆的外观。那些散发着高档气息的咖啡馆，足以令想要逃离枯燥乏味的图书馆的大学生为之驻足。咖啡馆不像图书馆，他们身处其中不需要小心翼翼地呼吸，也不必在意他人的目光。有这样自在、舒适的氛围，咖啡馆自然是顾客盈门。

凭借着面向年轻群体的策略，咖啡馆迅速崛起、成长。如今，我们可以在咖啡馆里看到人们各自忙碌的身影：盯着笔记本电脑做课题的人、埋头于厚厚的专业书籍的大学生、处理积压工作的上班族。市场上还出现了既提供咖啡又提供安静阅读环境的书咖，为孩子提供玩乐场地的儿童咖啡馆，以及提供各类桌游的桌游咖啡馆等。咖啡与其他元素碰撞、融合，形成了新的文化空间，受到了人们更加热烈的欢迎。那么，打破了传统的单一模式，华丽转身为文化空间的咖啡馆里都有哪些助推呢？

外带咖啡是怎么火起来的

为了提高外带饮品的购买率，许多咖啡馆会在早上出勤或午休时段推出"外带有优惠"的活动。只在这两个时段推行优惠活动的原因是，如果不限定时间，人们的购买意识就会有所松懈。

假设你要在下午两点前买一杯咖啡。你看到"半价优惠"的宣传语时，心里一定会产生以下两种想法：

A: 购买咖啡的话，我只需付一半的价格

B: 不买咖啡，因为虽然有半价优惠，但还是要花钱的

如果咖啡馆明确限定优惠的时段，人们就会认为，在这个时段不买一杯打折的咖啡，自己就会吃亏。但是，如果我们分别以上述两种视角来考虑结果，就会明白哪种行为才是"吃亏"的。

A: 购买咖啡产生花销

B: 没有产生任何花销

从经济学的角度来看，结果 B 更加有利：因为我们没有购买咖啡，因此不需要支付任何费用。但是，比起从经济、理性的角度进行判断，人们更容易感情用事，因此很容易被商家设置的助推"牵着鼻子走"。

A: 以便宜的价格买到一杯咖啡，很实惠

B: 错过了低价购买咖啡的机会，很吃亏

如上所示，在这种情况下，比起经济方面的考虑，人们更在意能否以更便宜的价格买到咖啡。打折咖啡只限于特定时段，因此被我们赋予了稀缺性。总而言之，我们陷入了"限时"这个助推中不能自拔，本来可买可不买的咖啡终究还是被我们买下了。

有趣的咖啡馆菜单

我们在咖啡馆点餐时，总要浏览菜单。其实在菜单里也有助推的身影。咖啡馆将自己希望顾客多多购买的、最能吸引顾客的产品安排在菜单最上方。这是因为人们在浏览菜单时，视线的移动方向通常是由上到下、由左到右。

如果咖啡馆主推美式咖啡等相对便宜的咖啡，价格较高的菜品就会被安排在菜单下方，而价格较低的菜品会被放在菜单的最上方。这样的安排可以暗示顾客"菜单上方的菜品不算太贵"，从而减轻他们的心理负担。反之，如果拿掉美式咖啡这种平价饮品，将高档咖啡和一些高价的餐品或新菜品放在菜单最上方，就会引发顾客的好奇心，进而促成消费。由此我们可知，咖啡馆的菜单安排很大程度上是有目的、有意图的，而且根据不同咖啡馆的特点，菜品的位置也会发生相应的变化。让我们假设，有下列三种级别的入场券：

低级券：60 元

普通券：120 元

高级券：300 元

如果三种券的价格按照升序排列，我们就会以目光最先触及的位置，也就是最上方的低级券的价格为基准进行选择。如果以较低的价格为基准，顾客购买低级券或普通券的可能性就会非常大。我们再看相反的顺序：

高级券：300 元

普通券：120 元

低级券：60 元

如果价格呈降序排列，那么更多人会选择购买普通券或高级券。顾客会将第一眼看到的高级券的价格视为价格基准，而且如果最先看到的是高级券，顾客就会认为低级券不会提供令人满意的服务，从而产生抗拒感。像这样，随着排列顺序不同，消费者也会产生完全不同的反应。

生成自己的专属菜单

以星巴克为代表的连锁咖啡店最近新推出了一项新服务，那就是"专属菜单"。这项服务最大的优点在于，呈现给顾客的菜单不再有固定顺序，而是顾客根据个人喜好，将各类咖啡按照甜与苦的程度进行排列，从而生成一份百分百符合自己口味的专属菜单。这样可以引发禀赋效应，使顾客在比较"专属菜单"与其他菜单时，更加珍视自己制作的菜单。

如果我将某款精心挑选的饮品加入"专属菜单"，该饮品就会被我赋予更高的价值。与价格不相上下的其他饮品相比，消费者自己挑选的饮品能够带来更多的满足感。如果某款饮品被赋予了特殊的价值，那么顾客为了重温之前的满足感，还会来到同一家咖啡馆。"专属菜单"就是让顾客持续消费某款或某些特定饮品的一种助推。

咖啡馆也在不断发展。为了让咖啡摆脱可有可无的地位，成为人们日常生活中必不可少的一部分，咖啡馆想出并施行了各种各样的助推，我们对这些助推也并不排斥。虽然顺应潮流是一件好事，但也请思考一下，我们的消费价格基准是否不知不觉中被改变了，我们购买的饮品是不是自己真正需要的。要想做到理性消费，我们尚有许多东西要了解，哪怕是微不足道的建议，我们也要虚心听取。

第五章

营销时代的新潮流

第五章

怀旧，你的情怀，我的生意

不久前还是"土气"代名词的喇叭裤，在一段时间内却成了密切关注时尚动向、穿着打扮前卫的"时尚弄潮儿"不可或缺的时尚单品。无论是明星海报，还是时尚杂志，都少不了喇叭裤的身影；在熙熙攘攘的街道上，我们也能看到许多身着喇叭裤的人。

最近，韩国出现了一股"复古热潮"，对于复古之美的追求也从时尚领域逐渐延伸至音乐、摄影、电视剧、电影等文化领域。

怎能忘记，旧日时光

时尚总是在不停地轮回。曾经风靡一时的服饰被新来者取缔，一度淹没于历史的风尘中；然而随着时间的推移，它们又被重新发现，再次回到时尚的舞台。

人类在回忆过去时，总是第一时间想起那些积极、美好的事物。这其实是一种自我防御机制：如果人们只是回忆糟糕的经历，就可能患上抑郁症等精神疾病。为了自己的心理健康，人们会下意识地记起那些对自己有利的、积极的事情。而且，由于情景依存学习（State Dependent Learning），人们在回忆某件事时，不仅能回想起当时的情景和事件，还能回想起自己当时的心情。在回忆童年经历时，我们也会自然而然地沉浸在积极、愉悦的情绪里。当我们试图寻找心灵的避风港时，只要回想起从前的快乐，就能有效地疏解压力。

有这样一项实验。工作人员在被试回忆从前时，对其大脑进行扫描。结果表明，当被试回忆起赚钱或升职场景时，其大脑中的活跃部位会调动整个大脑。也就是说，回忆从前会让人们产生类似于温暖、快乐、幸福等的积极情绪。因此，回忆从前有利于我们保持积极的心情和乐观的心态。

复古风潮唤起了人们对往昔的怀念，没有哪个商家不爱这种绝佳素材。因为实践证明，商家只需要投入少量的资金，迎合复古风潮，就能在短时间内提高品牌知名度、增强广告效果。人们厌恶改变，内心都希望自己现在的容貌和生活状态能够长期维持下去，这种心理被称作现状偏差。而且，每个人都有自己的爱憎倾向。吃饭时，人们会选择自己常去的餐厅；点菜时，人们也会选择自己常吃的菜。这是因为，比起尝试全新的事物，人们更心疼由于改变而消耗的机会成本。

从这方面来看，回忆也带有现状偏差的影子。比起追求变化，人们更喜欢追忆往昔，更喜欢那些既存的事物以及自己熟悉的东西。因此，比起新产品，那些主打"复古"与"回忆"的商品更能引起人们的共鸣，而尝试新鲜事物却会令人产生抗拒感。

那么，为了唤起人们对往昔的怀念，商家都采取了怎样的策略呢？

版本与性能降级

复古风潮的核心助推是"战略性降级"。所谓"战略性降级"，指的是将硬件或软件还原到更加原始的版本。在技术日新月异的时代，回归从前版本的潮流虽然很难被人们理解，但能够重新唤起人们对往昔的记忆，有利于创造更加可观的收益。因此，这种方法经常被应用于硬件或软件产品。

一个现实生活中的应用案例就是，苹果公司早年间发布的 MP3 播放器 iPod shuffle 在全世界的销售量至今已经超过 1 亿台，它是一款十分抢手的产品。iPod shuffle 的功能并不复杂，它只能随机播放列表里的歌曲。尽管人们无法自由地播放想听的歌曲，但它能使人们专注于享受音乐本身，因此，这款产品一直以来都备受人们喜爱。

iPod shuffle 的案例向我们明确揭示了有目的地进行版本降级的原因：降级后的产品能够重新唤起人们的回忆。例如，iPod shuffle 能够将人们重新带回属于"无屏幕随身听"的时代。回忆往昔能让人们重遇自己当初的那份纯真和自我坚守。因此，购买这些产品会为消费者带来更多的满足感。

新瓶装旧酒

随着数码相机的普及，一次性胶卷相机逐渐淡出了人们的视野，成为难得一见的老古董。但是，截止到 21 世纪初，仍然有和多人使用一次性胶卷相机。当时，一台一次性胶卷相机可以拍摄 20~25 张照片，仅仅相当于数码相机 30mb

的内存，也就是说，胶卷相机能够拍摄、保存的照片非常少。而且，要想拿到照片，还需要将胶卷送到照相馆冲印，等待 3~5 天。用数码相机拍完照片后，人们可以马上在相机里查看，而胶卷相机做不到这一点。此外，胶卷相机也无法修图，如果照片曝光过度，或是拍摄对象不小心眨了眼，那么除了重新拍摄，摄像者也没有别的补救办法。如今，人们能用智能手机自带的前置摄像头一口气拍几百张自拍照。如果让他们用一次性胶卷相机拍照，想必大部分人坚持不了多久。

面对这种发展趋势，Gudak Cam+ App 选择了逆流而上。Gudak Cam+ App 高度还原了胶卷相机拍摄的老照片风格，而且与胶卷相机一样，使用 Gudak Cam+ App 拍照后，需要等上 3 天才能看到照片。开发者认为，市面上现有的修图 App 大同小异，缺少鲜明的特点。他们希望制作出一款 App，为"拍照"行为本身赋予价值，并向胶卷相机致敬。然而，开发者也不能直接用命令的语气对人们说："请用胶卷相机记录宝贵的回忆。"

比起模拟胶卷相机、一次只能拍一卷胶卷（24 张）的 App，"理性"的人可能会更偏向于选择修图功能多样的

App。因此，在手机拍照势头正盛的时代，说出这样"不合时宜"的话显得很鲁莽，而且成功的概率很小。Gudak 平台发现，如果只是单纯地为照片加上复古风格的滤镜，人们就不会从中感受到任何情怀。虽然通过修图可以马上得到一张令人满意的照片，但这种兴奋感不到 5 分钟就会消失殆尽。

为了最大限度地凸显情怀，勾起人们对往昔的怀念，Gudak 开发了胶卷相机功能，并且开创性地将可以查看照片的时间设置为 3 天以后。这样做的理由十分简单：从前在照相馆冲印照片就需要 3 天。开发者希望这款 App 可以带人们重回过去，从中获得满足感，成为 App 的忠实粉丝。平台的策略是，人们在获得极大满足感的同时，会主动了解相应的产品。

虽然 Gudak 一句都未提及"胶卷相机更能创造美好的回忆，请试用一下"这类话，但它的设置与曾经的胶卷相机如出一辙。这项特别的设置让人们不禁想了解 Gudak Cam+这款特别的 App。

虽然人们都认为自己是理性的，但如果他们难以察觉自身的倾向，他们就难免与理性相去甚远。助推利用了人们对往昔的情怀，这种情怀对消费者的影响我们有目共睹。

我们应当明确意识到，我们的想法并不总是理性的，我们头脑中的天平有时也会向感性倾斜。

那些套路满满的新品促销

为了吃汉堡，我走进了一家久违的快餐店。在浏览菜单时，我发现这家快餐店正在开展新品优惠活动，而且新品打完折以后的价格与我本来打算要买的汉堡价格差不多。看到新品这么便宜，原本无心冒险的我突然跃跃欲试，更不用说新品看起来比原来的更好吃了。经过一番思考，我最终选择了新品。

损失厌恶：马克杯实验

不仅是快餐店，许多餐厅、小吃店在推出新菜品时，都会举办促销活动。有的会给出半价优惠；有的会发放礼品券，顾客凭券免费领取；有的会在顾客进行消费时免费赠送。商家如此慷慨地向我们"送温暖"，难道是在开展慈善事业吗？

商家之所以以折扣价而不是原价售卖新品，是因为这是为吸引那些"新品先行者"（early adapter）[①] 而设置的一个助推。之所以要吸引这群人，是因为他们的影响力超出我们的想象，而且通过他们，新的产品或服务也能拥有更广泛的知名度。因此，商家总是在推出新品时举行各种各样的促销活动。

那么，促销活动之中暗藏着什么秘密呢？

面对不切实际的冒险，大多数人都会避而远之。尤其当这场冒险与他们手中的钱扯上关系时，他们会更加不情愿。人们为什么会持这种态度呢？同时面对"收益"与"损失"时，人们会赋予"损失"更多的意义，从而产生更加厌恶损失的心理。也就是说，比起收益，人们更在意损失。在行为经济学中，这种现象被称为"损失厌恶"。

有关损失厌恶的一个极具代表性的实验就是"马克杯实验"。

在这项实验中，工作人员首先向被试展示一个马克杯，并假设被试要购买这个杯子，之后让他们对马克杯进行估

价。然后，工作人员将马克杯免费发放给被试，并假设被试要将马克杯卖给别人，询问被试愿意以什么价格出售。实验结果显示，当马克杯成为个人所属品时，被试给出的价格更高。即使是同一件物品，在为个人所有时，它就会被赋予更高的价值，这种现象就是禀赋效应。

回到这里，如果从"损失厌恶"的角度来解释这项实验，那就是，与获得马克杯这个"收益"相比，人们更在意将马克杯卖掉、失去马克杯的"损失"；面对同等数额的收益与损失，人们认为损失的价值更高，更令人难以忍受。因此，购买马克杯时给出的价格比将马克杯转手卖掉的价格更低。

在一项实验中，工作人员从大街上找来一群人玩"掷硬币游戏"，掷出硬币正面就赢，背面则是输。首先，工作人员告诉大家："接下来我们会给每人发100元现金，每个人都可以选择玩或不玩这个游戏，玩游戏赢的人可以得到100元，输的人则会失去100元。如果你拒绝游戏，则可以拿走刚开始的100元。"我们知道，一般情况下，"掷硬币游戏"输赢的概率都是50%。

在记录下所有被试的选择后，工作人员换了一种方式进行实验。

工作人员先给被试 200 元，然后给出说明："如果想拿到这 200 元，就必须和我玩掷硬币的游戏。如果你赢了，这 200 元就都是你的；如果你输了，你会失去全部的 200 元。如果你拒绝游戏，我们会从 200 元中收回 100 元。"

在上述两种情况中，有一点是相同的，那就是，如果人们选择不玩游戏，他们获得的收益都是 100 元。但是，第一种说法强调收益，即当人们选择不玩游戏时，收益是 100 元。人们害怕失去这 100 元，大都选择不玩。面对收益时，人们倾向于更稳妥的选择。第二种说法强调损失之多，因为人们事先获得了 200 元收益，如果不玩游戏，则会失去 100 元，所以人们大都选择了玩游戏。在损失与收益相同的情况下，如果用某种方法强调损失，则会收到更棒的营销效果。这在"限时活动"中也有体现：

A: 星期一打折

B: 仅限今天，不买会后悔

仔细品味这两则宣传语，哪一条更能激发你的消费欲望呢？大多数人都会选择购买，以免自己将来后悔。向人们强调损失的做法，在商品销售中屡试不爽。总而言之，我们知道：

当人们在选择时，

100%概率遭受损失的选择不如50%概率遭受损失的选择

100%概率得到收益的选择优于50%概率得到收益的选择

如果你不可避免地会遭受损失，你会做什么呢？当然是尽可能将损失降到最低。举个例子，你经常吃的炸酱面突然吃不到了，这时你需要换一道其他菜品。假设有以下两种菜品可供选择：

A: 所有人都认为很难吃的辣海鲜面

B: 有人讨厌也有人爱的炒饭

你会选择哪一种呢？当然是炒饭。虽然炒饭也可能不好吃，从而使选择辣海鲜面的人得到更多的收益，但比起一定很难吃的辣海鲜面，人们会果断选择"有一线希望"的炒饭。比起 100% 会遭受损失，人们更愿意寄希望于那一丝模糊的可能性。那么，当人们确定会获得收益时，情况又会如何呢？比起不是十分确定的收益，人们会偏向于选择有十足把握的收益：

A: 有 50% 的概率中奖，奖金是 12000 元

B: 有 100% 的概率中奖，奖金是 6000 元

与之前人们回避 100% 损失的情况不同，当获利的概率为 100% 时，即使其他选项给出的奖金更多，人们也会偏向于选择后者。这是因为，100% 意味着"必然发生"。人们倾向于回避可能有可能无的利益和必然发生的损失。不过，当获利的可能性不确定但存在一定的奖励机制时，人们的行为会发生变化。

奖励机制

人们都爱奖励，而且在不同的奖励机制下，人们会做

出不同的反应。为帮助读者理解，我们以便利店的盒饭为例进行说明。

假设你身上现在有24元，你要用这笔钱买一份盒饭。你可以从以下两个选项中进行选择，它们价格相同：

A: 我之前喜欢的盒饭（满足度：100）

B: 没吃过的新品（满足度：未知）

我们对100人进行的调查结果显示，不存在奖励机制时，除了24人愿意尝试盒饭B，其余76人都选择了盒饭A。也就是说，当二者价格相同时，人们更可能选择自己吃过的、很满意的盒饭。让我们再看一看下面两个选项。

假设在下列情境中，你并不打算购买汽水。

A: 我之前喜欢的盒饭，无奖励机制（满足度：100）

B: 推出的新品，另送250毫升汽水一罐（满足度：未知）

从主观层面来看，当二者价格相同时，A 选项似乎更好。原因如前所述，人们会尽量避开不确定的收益。尤其像买盒饭这种行为，无论盒饭好吃与否，我们付出的代价是一样的。至于盒饭 B，除去赠送的汽水，人们并没有很喜欢这一款盒饭。

但是，偏偏选择盒饭 B 的人更多。根据调查结果，在 100 位受访者中，68 人选择的是 B。如果在上一调查中选择 B 的人这一次仍然选择 B，那么我们可以计算出，足足有 44 人更改了自己的选项，将 A 换成了 B。盒饭本身并没有改变，其他约束条件也保持不变，只是增加了奖励机制。为什么大部分人会改变选择呢？这是因为，如果顾客购买商品时被给予相应的奖励，那么比起主观的满足度，价格反而会一跃成为优先考虑的因素。让我们重新比较选项 A 与 B。

A: 我之前喜欢的盒饭，无奖励机制（价格：24 元）

B: 推出的新品，另送 250 毫升汽水一罐（价格：24 元 +7.2 元 =31.2 元）

在上述两个选项中，如果支付同样的价格，那么选择 B 能获得更多的食物。如果将奖励机制撤掉，人们就会选择经常吃的盒饭 A；如果将奖励机制加上，人们熟悉的盒饭便立刻显得微不足道。

在奖励机制的作用下，人们会选择性价比更高的那一项。像这样，如果将奖励机制考虑在内，人们的想法就会产生变化。

A: 还是选原来一直吃的盒饭 A 吧。

B: 出了新品！花 24 元就能吃到原价 31.2 元的盒饭！嗯……原来没打算喝汽水，不过感觉那样更划算！这次我要选有赠品的盒饭 B！

结论是，如果加上奖励机制，人们的选择标准就会从主观经验变成客观价格。这是因为，存在奖励机制时，人们会将原有的选项与新选项进行比较，从而认为新选项更好。从最近逐渐流行的"性价比计算"的角度来看，人们在支付同样价格的情况下，奖励机制能带来更高的性价比，因此是最合适的营销手段。

每当餐饮店推出新品时，就会捆绑各种各样的奖励机制。

接下来，我会对不同的奖励机制逐一进行分析，并指出在此过程中商家如何引导顾客做选择。

买一送一

顾名思义，顾客买一份，会再获赠一份。换句话说，只要顾客购买了某款产品，那么作为奖励，他会再得到一份同款产品。"买二赠一""买三赠一"也是同样的道理。在消费者看来，能够以一半的价格买下某款产品就是"获利"，他们会因此获得一定的满足感。在商家看来，推出新品往往伴随着极大的风险。因此，通过奖励机制引导顾客"理性"消费是个不错的办法。

捆绑销售

捆绑销售是引导消费者购买的一个助推。如果消费想购买的商品 A 捆绑了其他商品，即他们在买下商品 A 的同时，也要购买其他商品，那么消费者会产生错觉，认为自己同时买了许多商品，获得了更多的收益。这也是餐饮店，尤其是快餐店推出新品时常用的一种方法；在汽车销售等情景中，捆绑销售也十分常见。

打折

打折与捆绑销售完全相反。打折的做法是：将成套商品的价格优惠至单件商品的价格，并将巨大的优惠幅度告知消费者，从而使消费者认为自己购买该产品是相对划算、理性的。

除此之外，还有各种各样的销售策略。但是，商家想要通过奖励机制进行促销时，通常还是会从以上三者中进行选择。

在推出新餐品或新饮品时，商家采取奖励机制并非一点好处都没有。因为与其他产品相比，新品会承受更高的风险。与其寂寂无闻、销量惨淡，倒不如冒险尝试，哪怕是受到差评或非议，也要将新品推入大众的视野。在销售者看来，这才是更加切实可行的做法。

也就是说，商家利用奖励机制，既有效地推进了市场调查，也通过调低价格提高了消费者的满意度，从而将消费者能够察觉到的损失降到了最小。

商家不是什么慈善家。他们举办的一场又一场优惠活动不是在向你让利，而是完完全全在为他们自身谋利。请记住，我们的消费活动总少不了助推，它能引导身处有限时间与空间的我们违背理性，产生更多不必要的花销。

"早鸟"特惠：
奖励"勤奋花钱"的你

我正坐在地铁里，用手机百无聊赖地浏览着各种新闻。这时，手机上方突然弹出一个弹窗广告：××游戏提前预约，100%获得付费物品。我对新游戏充满了好奇，点击网址一看，这款游戏还蛮有趣。于是，为了预约游戏，我输入了自己的手机号码；接收验证码后，我又同意接收游戏通知。完成这一切后，我重新拿起手机准备做点别的，却发现这款即将推出的游戏已经占据了我的全部心思，我等待游玩时激动的心跳声几乎清晰可闻。

"前所未有，恢宏巨制！"游戏公司一定会这样宣传自己的新游戏。游戏公司宣称，只要预约，玩家就会100%获得各式各样的赠品。游戏公司正是以此方法吸引大量玩家提前进行预约的。其实不仅是游戏，许多商家都会在推出新品时利用预约制度。这些预约活动的套路千篇一律，久而久之确实会令我们感到厌倦。尽管如此，人们还是会一次又一次地点击"预约"。

其实，从用户的角度来看，预约就是"试水"，反正自己也不吃亏，不如试一下。毕竟，预约流程并不麻烦，只需要输入电话号码，再点击"同意"即可。但在商家看来，吸引玩家提前预约有助于把握产品与服务的未来走向，这也是日后引导玩家进行消费时所需的指标之一。为了得到有效而准确的数据，商家迎合消费者的喜好，设置了助推，以引诱消费者进行预约。

那么，我们是如何完成预约，又是如何因为空口无凭的一句话而开始抱有期待的呢？

预约的本质：拿下初期用户

根据产品的生命周期理论，我们可以按照五个阶段来划分购买产品的人群（见图4）。产品开始投入市场时，最重要的是拿下占比 2.5% 的创新者和占比 13.5% 的最先尝试者。创新者与最先尝试者是决定新品销量的关键群体。他们使用新产品或体验新服务后写下的评论会在互联网上迅速传播，而剩下 84% 的人则会在决定是否购买时参考这些评论。也就是说，在新品投入市场的初期，如果不能使消费者信服，产品就可能无法获得成功。初期用户越多，好评越多，产品与服务就会越快名声大噪，并且营销势头会逐渐向"病毒式营销"方向发展。

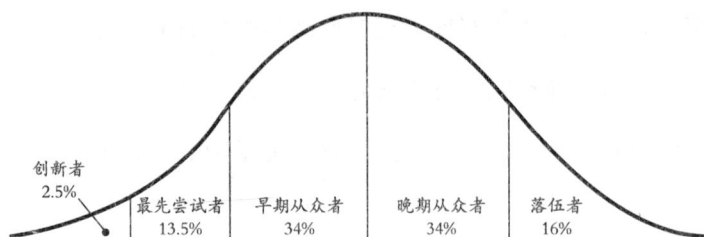

创新者
2.5%

| 最先尝试者 13.5% | 早期从众者 34% | 晚期从众者 34% | 落伍者 16% |

图 4 产品的生命周期

预约制度的本质就是拿下更多的初期用户，也就是创新者。实际上，如今的创新者群体远比过去发挥着更大的影响力。在过去，人们无法在互联网上发布自己的体验评论，而这恰好是一种极其重要的宣传方式。创新者群体壮大的主要的原因就是社交媒体的出现。

在电影正式上映前举办首映式就是最简单不过的案例。

参加首映式的观众留下的评价，对之后每一位观影个体都产生了不可忽视的影响。2018 年，在社交平台备受好评的韩国电影《出租车司机》吸引的观影人数高达 1200 万人，实属壮观。与之相反的是，韩国电影《真实》在上映初期的社交平台评分走低，其盈亏平衡点在 14.2% 停滞不前，制作方遭受的损失高达约 5440 万元。

过去，手机通信与互联网技术并不发达。但是，在步入互联网时代后，创新者针对产品或服务的评论会在网上迅速流传，其影响力会随着传播范围同步提升，创新者的意见得到了消费者的接受与肯定。根据评论内容的褒贬倾向不同，产品与服务的最终结果，也就是销量也会有所不同。因此，对于那些最先体验产品的人，商家会认真听取他们的反馈，并对产品进行完善。由此可以看出，消费者的主动权的也在不断增加。

创新者这一群体正发挥着更大的影响力，而且未来会继续如此。但是，从游戏市场吸纳初期玩家时，如果一味地鼓吹自己的游戏有多么优秀，宣传效果就会适得其反。游戏行业的特点是，如果某款游戏让玩家认定自己无法投入，或者不是自己感兴趣的游戏类型，玩家就会变得更加挑剔。

游戏市场如果过快地推出新游戏，那么过不了多久，原先热闹的游戏也会冷冷清清。因此，游戏公司想要吸引早期玩家（也就是创新者）并引导他们撰写好评，并不是一件容易的事。游戏公司为此苦恼了很久。最后，游戏公司得出了结论：比起把资金单纯地花在游戏推广上，倒不如用来给这些初期玩家发放"早鸟奖励"。

反正不吃亏

人们更喜欢明确而实际的利益。利用这一心理特点，游戏公司将奖励机制的兑现概率设定为100%，这样一来，引导玩家预约游戏会变得更容易。为了更方便理解，我们可以举一个例子。假设你在某个预约页面里看到如下两则宣传语：

A: 预约后有 50% 的概率获得付费单品

B: 预约后所有人都能获得付费单品

一般来讲，相较于游戏 A，你预约游戏 B 的可能性更高。

这是因为，游戏 B 明确提出，每位预约玩家得到好处的概率是 100%。由此我们可以得知，假设预约所需的时间相同，在相同的情况下，人们会更倾向于能为自己带来明确收益的那一个选项。

创新者其实是一群大忙人。他们遨游在漫无边际的信息海洋里，在不同的选项之间自由地来回穿梭。这一刻，他们或许是拥护游戏的"粉丝"；下一刻，他们就会成为抵制这款游戏的"黑粉"。对于这样的一群人来说，如果预约某款游戏的流程十分复杂，那么他们都不会预约一款连基本乐趣都无法保证的游戏。为了向创新者灌输"反正不吃亏"的观点，游戏公司将预约流程简化为"输入手机号码→同意接收通知→读取个人信息"。这是因为，如果没有巨额的物质补偿，人们就会由于一系列复杂的操作而对产品或服务本身产生负面看法。因此，游戏公司会尽量简化预约流程，让用户很快就能领先别人一步得到付费单品，并且从中获得满足感，尽管付费单品是面向所有预约用户的，不会成为谁的独有物。

事实上，很多人在提前预约时，都不会计较游戏的质量，而是冲着游戏给出的奖励，抱着"反正不吃亏"的心态按下了"预约"键。如果你也是这样，那么可能你对游戏不会抱有太高的期待，玩游戏时也不会完全沉浸其中。在退出游戏时，就算你记得游戏大体上的内容和玩法，也很可能想不起细节。这是因为，一般情况下，人类只会记住自己想记住的事物。

根据艾宾浩斯遗忘曲线，在某个记忆时间点后一周到一个月的时间内，一个人最开始的记忆会只剩下20%左右。遗忘曲线说明人类的记性并没有多么牢固，因此，如果不是因为对游戏本身产生兴趣而预约，人们很快就会将这码事忘得一干二净。所以，游戏平台需要向玩家发送短信，提醒他们曾预约过这款游戏。

事实上，发送短信的方式十分有效，它能使玩家重新想起游戏平台允诺的"奖励"，从而积极下载并加入新游戏。有时候看上去，游戏预约本身也是游戏公司为了增加游戏热度而设置的一种助推。

游戏公司发送的短信不仅有提醒功能，还能让玩家将自己与那些不预约游戏的玩家进行比较，认为自己在游戏里处于更有利的位置，更进一步成为游戏的忠实玩家。也就是说，收到短信的人不仅会下载游戏，还会为收到遗忘已久的奖励而感受到兴奋、愉悦，从而逐渐对游戏产生好感。而且，如果游戏制作精良的话，他们会自发地撰写好评，而那些之前没有预约游戏的人看到好评后，也会纷纷跟风下载，这样一来，就形成了良性循环。

奖励机制与短信，仅此二者出马，就能让游戏公司在吸引固定玩家这一点上大获成功。如果游戏公司给出的奖励很明确，而且获取的方法很简单，那么我敢断言，没有人能拒绝这种诱惑。

对游戏行业来说，奖励机制已经不再新颖，它已成为一种必不可少的营销策略。奖励机制和短信，这两种助推利用了人们的损失厌恶心理，将玩家的视线重新集中到游戏本身，从而达到了引导人们下载游戏并在游戏中获得额外利益的目的。

值得关注的一点是，人们不会因为之前没有预约游戏而蒙受巨大损失。换句话说，如果没有提前预约，在短时间内人们确实会产生损失，但在漫长的人生面前，那根本不算什么。其实，游戏给出的奖励并没有那么丰厚，谁都有能力送给你。但是，我们偏偏会被这样的奖励蒙蔽双眼，下载自己并不需要的游戏，不是吗？

不知不觉间，我们下载了游戏，有时还会沉浸其中，购买游戏里的服务。对此，如果说游戏周密的设计功不可没，那么，我想我们有必要重新审视一下游戏预约制度。

成了 VIP，还要升级 VVIP

会员是特定集体中的一员，是一种身份证明。对我们来说，成为会员意味着可以享受特殊的福利。会员制度赋予集体中的个人以特殊的身份地位，同时也是培植自信心与归属感的一种方式。到了现代，会员制度更加成体系，并被巧妙地运用于引导消费者购买指定商品的助推之中。

"我是 xx 会员"

会员制度与"归属感"有着密切关联。当商家向长期使用某项服务的顾客提供一定的奖励时，顾客会对该项服务或产品乃至品牌本身产生归属感，从而愿意继续消费。举个例子，假设你经常在商店 A 买东西。有一天，当你像往常一样到商店 A 买东西时，店主送给你一份小礼物表示感谢，或者帮你将一部分购物金额换成了相应的优惠券或积分，你很可能会继续光顾这家商店。这是利用了"现状偏差"的助推：在价格相同的情况下，我们更倾向于继续使用自己一直在用的物品。

在 2000 年后的几年间，会员制度开始配备相应的会员卡，并且愈加成为一种潮流。在会员服务创立初期，为了吸引更多的顾客，相互竞争的商家推出了损失较小的会员制度。我在网上搜索知名品牌的会员名字时发现，搜索页面还显示了"退出××会员的方法"相关的检索项。如果有人在成为会员时只是冲着会员权益，并没有仔细查看会员条款，或是通过强制或半强制的方式成为会员的，那么他们以后还是会退出的。会员服务刚出现的那段时间，由于制度不完备，许多东西变来变去，给顾客带来了许多麻烦。但是，随着智能手机的出现和金融科技的不断发展，各家分店乱成一团的积分得以重新整合，金融服务与生活服务也开始相互关联，会员的权益也因此变得更加多样。

会员制度与许多公司、企业携手，可以有效地引导顾客购买指定商品。如果会员能享有特殊的福利，那么拥有会员资格的顾客购买相应产品的概率就会大大增加。如果通信公司 A 推出了"会员积分可购买星巴克咖啡"的优惠活动，那么比起购买其他门店的咖啡，更多的会员还是会购买星巴克咖啡。

此处的关键在于，会员积分只有被人们使用，才能显现其有用性。那么，商家为了让顾客使用会员积分，都设置了哪些助推呢？

等级制度：人往高处走

会员制度也有等级划分。也就是说，会员制度会根据购买次数与消费金额，自动地对顾客进行分类。从消费的角度来看，这种做法有什么意义呢？很简单，当然是为了用一定的福利来引诱顾客达到指定的消费金额和消费次数。

会员制度并不具备相对性，我的地位或等级不会因为别人比我买的更多而下滑。如果某个品牌拥有 10 万名会员，那么其中大部分人可能是 VIP，也可能都不是 VIP。但是，如果按照指定的购买次数来划分等级，人们在奖励机制与优惠福利的吸引下，就会产生继续消费、达到更高级别的欲望，而如果将这种欲望转化为实际行动，那就是购买与消费。总的来说，等级制度就是一种营销策略，它利用了"人往高处走"的本能，引导消费者继续购买、消费。商家为了刺激这种本能，将更高的等级用黄金、钻石等象征富有的财宝命名，同时还用 VIP、Gold 等彰显高端的用语来引起人们的兴趣。然而事实上，就算你不是 VIP，也没有人会拦着不让你消费。

积分抵现：影响选择的因素

有数据显示，59.4% 的会员积分其实毫无用处。那么，商家为什么还是会给我们那么多用不上的会员积分呢？这是利用了人们免费得到的金钱（或积分）越多，就越会尽可能多地进行消费的心理。免费得到的金钱或积分在人们眼中相当于奖励，因此人们会尽可能地将它们用掉；金额或积分的数值越大，人们就越不会珍惜，也就越可能进行消费。假设有两个人免费得到了面额不同的购物券：

A: 收到了 60 元购物券

B: 收到了 600 元购物券

假设向 A、B 两个人推荐价格为 720 元的手提包，最后谁买下手提包的可能性更大呢？问都不用问，一定是 B。因为 B 在收到 600 元购物券后，心里稍稍计算一下就会发现"只需要再付 120 元就够了"，因此，B 在购买手提包时更加干脆、爽快。与之相反，只收到 60 元购物券的 A 需要承担一笔不菲的差价，因此其购买意愿并不强烈。考虑到这种心理，商家不再对顾客的消费次数做要求，而是给予大量的积分。

限制时段，赋予稀缺性

会员积分最显著的特征之一就是存在使用期限。为什么要设置使用期限呢？因为根据稀缺性原理，人的欲望是无限的，但缺乏用于满足欲望的时间与金钱。限制时间就是突出满足欲望的条件之艰难，从而引导人们消费。举个例子，假设某人有两张代金券，但是一次只能从中选择一张使用。在这种情况下，人们会做何选择呢？

A：60 元代金券：永久有效

B：60 元代金券：仅限当日有效

如果只能从中选择一张使用，那么大部分人都会选择 B。尽管代金券的面值相同，但是 B 更受人们青睐。其原因就是，有使用期限。也就是说，代金券 B 只能在当天使用，等到第二天，它就会失去价值。因此，B 拥有更优先的使用顺序。而且对于第二天就失效的代金券，人们会在"使用代金券，获得利益"的心理驱使下，迅速地将代金券用掉。对会员积分设置有效期限的最大原因也是如此。代金券或积分不是任何时候都能使用的，这更能引导人们在有效期限内尽快消费。

像这样利用各种心理效应，商家就能引导人们迅速地将积分用掉。商家之所以给予消费者积分，不仅是为了让消费者以更便宜的价格买到商品，更多的是减轻消费者的心理负担，引导消费者持续购买相应的商品。如果你在一家超市免费拿到了价值 27 元的某件商品，那么你更有可能顺带购买其他商品。此处有两种心理因素在起作用：一种心理是，来都来了，不如多买一些再走；另一种心理是，刚才省下了一些钱，不如就花在这儿吧。总的来说，会员积分制度的终极追求就是，通过奖励机制进一步引导顾客消费。

　　一定要记住，商家看似随意地发放各种福利，实则"没安好心"。他们只要向成为会员的消费者提供各种优惠，就能有效地推动后者消费。但是，如果你能看清这些优惠的真面目，以后进行消费时，或许就能更理智一些。